KATHARINA BAUMANN

100 DAYS

100 DAYS

KATHARINA BAUMANN

VOM TRAUM ZUM START-UP

ARISTON α

Sollte diese Publikation Links auf Webseiten Dritter enthalten, so übernehmen wir für deren Inhalte keine Haftung, da wir uns diese nicht zu eigen machen, sondern lediglich auf deren Stand zum Zeitpunkt der Erstveröffentlichung verweisen.

Bibliografische Information der Deutschen Bibliothek
Die Deutsche Bibliothek verzeichnet diese Publikation in der Deutschen Nationalbibliografie; detaillierte bibliografische Daten sind im Internet unter http://dnb.de abrufbar.

Verlagsgruppe Random House FSC® N001967

© 2018 Ariston Verlag in der Verlagsgruppe Random House GmbH,
Neumarkter Straße 28, 81673 München
Alle Rechte vorbehalten

Redaktion: Evelyn Boos-Körner
Konzeption, Layout, Satz und Umschlaggestaltung: Julia Hopper
Druck und Bindung: Print Consult GmbH, München
Printed in Slovakia

ISBN: 978-3-424-20210-6

Für meine liebevollen Eltern,
die mir Wurzeln und Flügel schenkten.

Und für Bene & Marin.

TO THE GIRLS WHO RUN THE WORLD

Layout & Konzeption von JULIA HOPPER

INHALT

	AGENDA	Seite 8 - 9
	VORWORT	Seite 10 - 11
5	**GUIDELINES ZUM START-UP**	Seite 12 - 13
1 / 100	**START YOUR DAY RIGHT**	Seite 15 - 73
25 / 100	**DAYS OF YOUR LIFE**	Seite 75 - 129
50 / 100	**GOLDEN DAYS**	Seite 131 - 187
75 / 100	**DAY-TO-DAY**	Seite 189 - 247
100 / 100	**ROME WASN'T BUILT IN A DAY**	Seite 249
	ÜBER DIE AUTORIN	Seite 255

AGENDA

1 / 100

1. Einfach anfangen
2. Beim Namen nennen
3. Go online
4. Let's do this!
5. Fotograf spielen
6. Tagebuch schreiben
7. Logo entwickeln
8. Farbe wählen
9. Preis finden
10. Gewerbeschein beantragen
11. Instagram verstehen
12. Weihnachtsmann spielen
13. Story schreiben
14. Geschäftsausstattung zulegen
15. Rechnungsvorlage entwerfen
16. Arbeitsplatz einrichten
17. Idee teilen
18. Verpackung finden
19. Do it yourself
20. Produkt weiterentwickeln
21. Believe in your strengths
22. Konto einrichten
23. Gleichgesinnte suchen
24. Finanzielle Förderung suchen
25. Ziele setzen

25 / 100

26. Unique sein
27. Um Hilfe bitten
28. Verkaufen lernen
29. Einkaufspreise entwickeln
30. Preisstaffeln aufsetzen
31. Aufkleber drucken
32. Angebotsvorlage entwerfen
33. Auftragsbestätigung aufsetzen
34. Erste Messe überleben
35. Checkliste erstellen
36. Zahlungskonditionen unterscheide
37. Ersten Großauftrag ausführen
38. Bargeldloses Bezahlen ermögliche
39. PR-Kit zusammenstellen
40. Professionelles E-Mail-Marketing
41. Blogger suchen
42. Anzeigen schalten
43. Marketingvideo drehen
44. Lieferanten finden
45. It's all about you
46. Unternehmen positionieren
47. Businessplan schreiben
48. Love your product
49. Kreativitätstechniken ausprobieren
50. Den eigenen Onlineshop aufsetzer

50 / 100

51. Deadlines setzen
52. Belohne dich
53. Ordentlich arbeiten
54. Family-&-Friends-Tarife
55. Über Geld reden
56. Anwalt suchen
57. Künstlich limitieren
58. Positives Denken
59. Cashflow-Pläne erstellen
60. Scheitern akzeptieren
61. Pakete verschicken
62. Alltag strukturieren
63. Becoming CEO
64. Vortrag halten
65. Pop-up-Store eröffnen
66. Urlaub nehmen
67. Gesamtbild betrachten
68. Apropos durchhalten
69. Richtig investieren
70. Logistik abgeben – oder doch nicht?
71. Follow your heart
72. Mitdenken
73. Respekt verschaffen
74. Entscheidungsfreudig werden
75. Wettbewerber analysieren

75 / 100

76. Der coolste Auftrag
77. Nein sagen
78. Elevator Pitch
79. Pitch Deck
80. Vorbilder suchen
81. Mahnungen schreiben
82. Rechtliche Vorschriften beachten
83. Weiterdenken
84. Unternehmensphilosophie
85. Stay tuned
86. Praktikanten suchen
87. Personal einstellen
88. Wachstumsschmerzen akzeptieren
89. Gründen ohne haptisches Produkt
90. Cheat Day
91. Investor suchen
92. Projektmanagementtool benutzen
93. Standort planen
94. Ruhig bleiben
95. Surviving the TV-Jungle
96. Katastrophen managen
97. Zielgruppen auswählen
98. Verkaufen wie ein Pro
99. Magic happens
100. Stolz sein

VORWORT

Seit ich 2014 mein Start-up DESIGN BUBBLES gegründet habe, bin ich oft gefragt worden, wie ich es geschafft habe, ein so schönes Produkt zu kreieren und mich damit erfolgreich im Markt zu platzieren. Auch nach meinen Vorträgen und Fernsehauftritten erreichen mich immer viele E-Mails und Anfragen von jungen Frauen, die gerne gründen möchten. Was liegt da näher, als all mein Wissen und meine Erfahrungen – positiv wie negativ – in einem Buch zusammenzufassen: **100 DAYS – VOM TRAUM ZUM START-UP.**

Ich habe Business Administration and Economics in Passau und Mailand studiert und nebenbei in verschiedenen Moderedaktionen gearbeitet. Meinen Studienabschluss feierte ich mit meiner besten Freundin. Zu diesem besonderen Anlass haben wir Champagner getrunken. Eine Woche später hatte sie Geburtstag, da fiel mein Blick auf die leere Flasche – so entstand die Idee, daraus eine Kerze zu zaubern.

Inzwischen sind Produkte von DESIGN BUBBLES in über 200 Boutiquen in ganz Europa und online erhältlich. Wir verkaufen nicht nur Kerzen, sondern auch den passenden Champagner. Um sicherzustellen, dass wir nur echte Geheimtipps aus der Champagne anbieten, habe ich zusätzlich eine Sommelière-Ausbildung absolviert.

> *Ich bin jeden Tag dankbar, das tun zu dürfen, was mir am meisten Spaß macht – wunderschöne Duftkerzen verkaufen und daran arbeiten, dass DESIGN BUBBLES die coolste Candle Company der Welt wird!*

Dieser ultimative Start-up-Guide enthält alles, was eine Gründerin in den ersten 100 Tagen ihres Unternehmerdaseins tun und erfahren sollte. Vielleicht ist in deinem Start-up eine andere Reihenfolge angebracht oder du setzt die Prioritäten etwas anders, aber ich bin überzeugt davon, dass die gewissenhafte Erfüllung der genannten Aufgaben für einen dauerhaften Erfolg notwendig ist. Die fünf wichtigsten Guidelines erfährst du gleich auf den nächsten zwei Seiten.

Ich habe den schönsten Job der Welt gefunden und mit viel Leidenschaft und Mut mein eigenes Unternehmen gegründet. Das kannst du auch! Dieses Buch wirkt wie eine Rakete für dein Start-up, weil du hier die Antworten auf die häufigsten Gründungsfragen findest. Ich hoffe, ich kann dich motivieren, deinen Traum zu leben und ein eigenes Unternehmen zu gründen. Nichts ist schöner, als zu sehen, wie ein Unternehmen wächst – deshalb teile deine eigene Gründerstory unter dem Hashtag **#startupin100days**. Ich wünsche dir von ganzem Herzen viel Erfolg!

Katharina Baumann

5 GUIDELINES ZUM START-UP

1 **EINFACH ANFANGEN**

Wenn du eine Idee für ein Start-up hast, ist es das Allerwichtigste, sofort mit der Umsetzung zu beginnen. Zu viele Ideen werden immer wieder aufgeschoben und bleiben deshalb im Verborgenen, auch wenn sie vielleicht großes Potenzial hätten. Ich bin überzeugt: Hätte ich nicht zufällig noch am gleichen Tag die erste Kerze gebastelt, wäre DESIGN BUBBLES wohl nie entstanden.

2 **BEGEISTERUNG IST ANSTECKEND**

Enthusiasm pulls the switch! Wenn die Begeisterung für das eigene Produkt von Herzen kommt und das Leuchten in den Augen zu sehen ist, steckt das auch die Kunden an.

3 **SEI EIN „ICH-MACHE-ALLES-MÄDCHEN"**

Als Gründerin muss man absolut flexibel sein und möglichst alles selbst machen können oder das Vorgehen zumindest verstehen. Ich habe zum Beispiel unzählige Kerzen selbst gegossen.

HOL DIR HILFE

4 Niemals hätte ich erwartet, dass mich so viele Menschen unterstützen – ohne eine Gegenleistung zu erwarten! Wer ein Start-up gründet und für das eigene Unternehmen kämpft, stößt auf fast grenzenlose Unterstützung. So hat der Sommelier eines Sterne-Restaurants Hunderte Champagnerflaschen für mich gesammelt, und ich durfte vor Kurzem unentgeltlich auf einer Messe ausstellen; um nur zwei Beispiele zu nennen.

SOCIAL MEDIA WIRD IMMER NOCH UNTERSCHÄTZT

5 *Instagram* & Co. bieten unglaubliche Möglichkeiten. Bereits 24 Stunden nach meinem ersten Foto-Upload liefen die ersten Bestellungen ein.

(Auszug aus dem Interview mit *Stylight*)

1/100

START YOUR DAY RIGHT

1 BIRTHDAY

Einfach anfangen

Viele Ideen werden nie realisiert, weil auf den perfekten Moment für die Umsetzung gewartet wird. Die Sorge, dass eine Vielzahl von Problemen auftreten könnte, bildet eine große Hürde und hindert einen daran, einfach anzufangen. Doch weder die Sorgen noch die Herausforderungen werden kleiner, wenn die Gründung auf später verschoben wird. Dieser erste Punkt ist gleichzeitig auch der wichtigste, denn was mir aus einem Zufall heraus gelungen ist, kann leicht nachgemacht werden: einfach anfangen.

Ich hatte gerade mein Studium abgeschlossen und habe das mit meiner besten Freundin gefeiert. Zu diesem besonderen Anlass öffneten wir eine Flasche Champagner. Eine Woche später hatte diese Freundin Geburtstag und ich war auf der Suche nach einem besonderen Geschenk, als mein Blick auf die leere Champagnerflasche fiel. Plötzlich hatte ich die Idee, daraus eine Kerze zu basteln.

Ein Glastechniker in der Nähe zersägte die Flasche, die Kanten blieben scharf, der Schnitt war schief und das Etikett war zerrissen — aber die erste Flasche war dabei, eine Kerze zu werden. Im nächsten Schritt besorgte ich Wachs und Dochte im Baumarkt. Da ich keinen

Topf für ein Wasserbad hatte, um die Paraffinflocken zu schmelzen, leerte ich eine Konservendose mit Pfirsichen und ließ das Wachs in dem Aluminiumbehälter schmelzen. Das heiße Wachs vermengte ich mit einem Tropfen Duftöl und goss es in das Unterteil der Champagnerflasche. Eine Stunde später war die erste Kerze „geboren".

Das Wichtigste an dieser Story ist, dass ich im Augenblick der Idee sofort begonnen habe, die erste Kerze zu kreieren. Zu viele Ideen werden immer wieder aufgeschoben und bleiben deshalb im Verborgenen, auch wenn sie großes Potenzial haben.

Ich bin davon überzeugt: Hätte ich nicht zufällig noch an dem Tag, an dem ich die Idee hatte, die erste Kerze gebastelt, wäre DESIGN BUBBLES wohl nie entstanden.

WENN DU EINE IDEE FÜR EIN START-UP HAST, IST ES DAS ALLER-WICHTIGSTE, SOFORT MIT DER UMSETZUNG ZU BEGINNEN. JUST DO IT.

NAME DAY

Beim Namen nennen

Jedes Baby benötigt einen Namen und die Suche nach diesem gestaltet sich oft schwieriger als gedacht.

Es klingt zunächst verlockend, einen Namen wie DESIGN BUBBLES zu wählen, da er bereits einen Hinweis auf das Produkt gibt, jedoch stellte sich im Nachhinein heraus, dass er nicht optimal ist.
Es gibt bekannte Beispiele wie den Brillenhersteller *seeconcept*, der jetzt mit großen Mühen seinen Namen auf *izipizi* ändert — um weitere Produkte zu launchen, die über das ursprüngliche Konzept hinausgehen. DESIGN BUBBLES ist außerdem zu lang, um kleine Aufkleber zu produzieren, die auf Pakete, Flyer oder ähnliche Werbemittel geklebt werden können.
Wenn „DESIGN" und „BUBBLES" untereinander geschrieben werden (wie es die Presse oft macht), geht das Logo, und damit der Wiedererkennungseffekt, verloren. Überhaupt weiß niemand, ob DESIGN BUBBLES zusammen, getrennt, klein- oder großgeschrieben wird — the struggle is real.

Es ist absolut zwingend, dass der Name des Unternehmens folgende Dinge erfüllt: die Domains mit den Endungen *.com* und *.de* sind noch erhältlich, auf *Instagram* ist der Name noch

MEIN TIPP: HALTE DEN NAMEN SO KURZ UND EINFACH WIE MÖGLICH, ÜBERLEG NICHT MONATELANG, SONDERN LEG SO SCHNELL WIE MÖGLICH LOS.

frei und er ist sowohl auf Englisch als auch auf Deutsch sofort gut verständlich. Sollte der Name auch nur eines dieser Kriterien nicht erfüllen, ist er höchstwahrscheinlich keine besonders gute Idee.

Heutzutage ist fast jeder Name, der irgendwie catchy klingt, belegt, deshalb empfehle ich einen Fantasienamen, der sich zum Beispiel aus den Buchstaben deines Vor- und Nachnamens zusammensetzt. Das klingt zunächst nicht besonders kreativ, hat jedoch einige verlockende Vorteile: es ist kein generischer Begriff, d. h., er kann später als Wortmarke geschützt werden, er ist kurz und somit einprägsam und hat eine persönliche Note. Mit solch einem Namen kann das Sortiment jederzeit problemlos erweitert werden.

Ein tolles Beispiel hierfür ist das Beauty Start-up *Savue*, gegründet von *S*wantje und *A*nnika *v*an *Ue*hm. Denk daran dass du diesen Namen in den nächsten Monaten und Jahren täglich aussprechen wirst, ihn ständig am Telefon buchstabieren musst und er das Synonym für deine Produkte wird.

CYBER DAY

Go online

Die Präsentation eines Unternehmens auf *Instagram* prägt eine Marke mehr als die Darstellung auf jedem anderen Channel. Bei vielen Start-ups ist *Instagram* der Hauptabsatzkanal. Deshalb ist es wichtig, dass der Name des Profils einen hohen Wiedererkennungswert hat und Professionalität suggeriert. Das kann erreicht werden, indem keine Kompromisse eingegangen werden, der Name sollte keinen Unterstrich am Anfang oder Ende tragen und keine Zahlen beinhalten.

Die Social-Media-Kanäle zu sichern ist deshalb einer der ersten Schritte in die Selbstständigkeit und dauerhaft von großer Relevanz.

Die Chancen, die sich Start-ups durch Social Media bieten, sind riesig. Ohne *Instagram* hätte ich heute kein Unternehmen. Schon innerhalb von 24 Stunden nach dem ersten Foto-Upload gingen die ersten Bestellungen per E-Mail ein — und das ohne eigenen Onlineshop.

Mindestens genauso wichtig ist die Sicherung der neuen Domain mit den Endungen *.com* und *.de*. Auf etlichen Homepages, beispielsweise auf *www.1und1.com*, kann die Verfügbarkeit des Domainnamens ganz einfach überprüft und die Homepage gekauft werden.

Anschließend kann eine E-Mail-Adresse eingerichtet werden, die den Namen des Unternehmens enthält. Eine Domain im Nachhinein zu kaufen kann sich als sehr schwierig herausstellen. Ich versuche nach wie vor vergeblich, mich mit einem Anbieter auf einen Preis für die Domain *designbubbles.com* zu einigen, aktuell verlangt er 30.000 Dollar.

SICHERE DIR DEINE DOMAIN, ERSTELLE EINE EIGENE E-MAIL-ADRESSE UND BELEGE SÄMTLICHE RELEVANTEN SOCIAL-MEDIA-KANÄLE WIE INSTAGRAM, FACEBOOK, PINTEREST UND YOUTUBE MIT DEM NAMEN DES UNTERNEHMENS.

Auch wenn die Channels zunächst leer legen, wird es sich später als wertvoll erweisen, auf allen Kanälen die Domain zu besitzen.

4 LAUNCH DAY

Let's do this!

Es wird Zeit, weitere Prototypen zu basteln! Was auch immer für die Produktion von weiteren Mustern benötigt wird, sollte jetzt besorgt werden.

Natürlich wurde mir schnell klar, dass ich viele und schöne Champagnerflaschen benötigte. Und wo wird der meiste Champagner geköpft? Richtig, in den fancy Clubs der Großstädte und in der gehobenen Gastronomie.

Zahlreiche Sterne-Restaurants waren begeistert von meiner Idee und die besten Sommeliers der Stadt haben mir die schönsten leeren Flaschen beiseitegestellt, die ich dann jede Woche eingesammelt habe. Einmal kam ich zur Abholung in ein Restaurant, da stand die halbe Küche voll mit Flaschen für mich. Mein Auto war vollgeladen bis unter das Dach mit Flaschen der feinsten Champagner der Welt.

Inzwischen hatte ich auch neue Glastechniker gesucht, die qualifiziertes Personal vorweisen konnten, um die Kanten der Flaschen perfekt zu säumen.

> *Wohlgemerkt hat kein einziger meiner Unterstützer irgendeine Gegenleistung erwartet, sie wollten einfach nur bei dem „Projekt DESIGN BUBBLES" dabei sein.*

Dazu habe ich gefühlt jede Glashütte in Deutschland angeschrieben und Flaschen zum Test-Schneiden verschickt.

Für die Füllung der abgesägten Flaschen standen zunächst Paraffin und Stearin, Bienen-, Raps- und Sonnenblumenwachs zur Auswahl, Letztendlich habe ich mich aber für Sojawachs entschieden, da es ein Megatrend in den USA ist und zudem viele Vorteile hat: Kerzen aus Sojawachs brennen wesentlich länger als Kerzen aus anderen Wachsarten. Sojawachs rußt nicht, setzt also keine Schadstoffe frei und hat eine wunderbar cremige Konsistenz, die zum hochwertigen Aussehen der Kerzen beiträgt. Um das Ganze noch zu toppen, verwende ich Bio-Sojawachs, für dessen Herstellung garantiert keine Tiere leiden oder Regenwälder gerodet werden.

Ich war verwundert, wie einfach es war, Sojawachsflocken für das Candle Business zu beziehen. Der erste 30-Kilo-Behälter brachte unseren Postboten außer Atem — er ahnte ja nicht, was noch auf ihn zukommen sollte.

Ich war bereit für die Produktion der nächsten Kerzen und so voller Adrenalin, dass ich es kaum erwarten konnte, den Wachsschmelzer anzuschmeißen und die schönsten Kerzen überhaupt zu basteln. Die Kerzen wurden liebevoll „Candles" genannt, alle Freunde wurden beschenkt und es gab seitdem keinen Abend mehr ohne Kerzenschein.

That being said let's go! Wir benötigen so schnell wie möglich Feedback von potenziellen Kunden und Bildmaterial zur Veröffentlichung. Schnell kommt der Gedanke, dass das Produkt noch längst nicht so aussieht, wie es eigentlich soll, und die Angst ist groß, sich mit dem noch unausgereiften Produkt zu blamieren.

WENN DU DICH NICHT FÜR DEIN PRODUKT SCHÄMST, HAST DU WAHRSCHEINLICH ZU SPÄT GELAUNCHT.

Dieser Satz fällt in fast jedem Vortrag von erfolgreichen Gründern und tatsächlich: Es zählt nicht nur die Perfektion des Produkts, sondern auch der Mut, es so schnell wie möglich auf den Markt zu bringen.

Ich habe mit einer schiefen Kerze mit kaputtem Etikett — unglaublich, aber wahr — meine ersten Kunden gefunden und sie von Anfang an begeistert. Die Produktverbesserung folgt später, eigentlich hört sie nie wirklich auf.

5 SHOOTING DAY

Fotograf spielen

Was ist das Schönste an deinem Produkt?

Das Highlight unserer Kerzen sind zweifelsohne die wundervoll designten Etiketten, die mit Strukturpapier, Goldfolie, brillanten Farben und Perlmuttschimmer verziert sind. Deshalb ist es mir wichtig, dass genau diese Details in Szene gesetzt werden und auf den Bildern schön und klar hervorkommen. Das gesetzte Ziel war es, dass diese Bilder nicht nur unsere Homepage, Visitenkarten und Flyer schmücken, sondern auch in zahlreichen Hochglanzmagazinen erscheinen. Ich strebe einen Look an, der besonders glossy wirkt und die Eleganz der Produkte von DESIGN BUBBLES unterstreicht.

Die Bildsprache sollte modern, puristisch und cool wirken. Persönlich gefallen mir kühle Farben besser als warme und so sollten auch später unsere Fotos wirken. Für ein professionelles Shooting fehlen am Anfang meist die Mittel, aber das ist kein Problem, denn schöne Bilder können mit ein bisschen Aufwand heutzutage easy selbst gemacht werden.

Als ich loslegte, erinnerte ich mich an die zahlreichen Shootings, bei denen ich als Assistentin bei der *Cosmopolitan* mitgeholfen hatte, und versuchte, die Szenerie ähnlich aufzubauen.

Für hochwertige Bilder benötigt man **gutes Licht** (ein top Fotograf steht um fünf Uhr morgens auf, um das Licht der Morgendämmerung einzufangen), ein **passendes Umfeld** (in meinem Fall eine große weiße Wand) sowie zahlreiche **Props**, auch Requisiten genannt, die die Stimmung des Bildes unterstreichen.
Ich habe einen ganzen Tisch voller Props vorbereitet, alles Dinge, die im Hintergrund der Bilder zu sehen sind: Parfümflakons in ähnlichen Farbtönen, Dochtschneider, Büro Accessoires wie goldene Stiftbecher, Streichhölzer, alte *Vogue*-Magazine, Seifen, Samthocker, Marmorplatten, Notizbücher, Rosenblätter und Kunstdrucke. Da unsere Kerzen nach Pfingstrosen duften, war klar, dass die Kerzen in ein Blütenmeer getaucht werden müssen.

Wie ich während meiner Praktika bei Modemagazinen gelernt hatte, möchte eine Luxusmarke nicht gemeinsam mit einer Low-Budget-Marke abgebildet werden, da der gefühlte Wert der Produkte dadurch sinken würde.

DIE KERZEN VON DESIGN BUBBLES WERDEN AUSSCHLIESSLICH MIT LUXURIÖSEN ACCESSOIRES GEZEIGT, UM EINE HOCHWERTIGE MARKENASSOZIATION HERVORZURUFEN.

Ich habe mir eine Kamera geliehen, die ihresgleichen sucht. Sie schießt Bilder wie vom Profi – ohne dass man dafür ein Profi sein muss. Die Automatikeinstellung regelt die Lichtverhältnisse dermaßen gut, dass ich immer wieder gefragt werde, welcher Fotograf unsere Bilder schießt. Ich habe also die Kerzen im Morgenlicht auf einen Glastisch gestellt – um die Reflektion einzufangen — mit frischen Blumen dekoriert und einfach drauflosgeknipst.

Im Nachhinein wird alles mit einem guten Bildbearbeitungsprogramm wie *iPhoto* und *Facetune* perfektioniert, fertig sind unsere strahlenden Bilder, bereit zur Veröffentlichung!

Come on, that's so 2014! Inzwischen haben wir uns weiterentwickelt und arbeiten jetzt mit professionellen Bildbearbeitungsprogrammen.

Julia Hopper — Art Director bei DESIGN BUBBLES

Wenn du Schokolade verkaufen möchtest, wirf sie in einen großen Haufen lockeren Kakao oder lass sie schmelzen. Gib dir Zeit für die Bilder, sie sind speziell in Onlineshops dein Kapital, denn der Kunde kann deine Produkte in diesem Moment nur anhand der Fotos beurteilen. Gute Bilder verbreiten sich schnell, werden auf *Instagram* oft geteilt, und die Wahrscheinlichkeit steigt, dass sie auch von der Presse veröffentlicht werden.

ÜBERLEGE DIR, WELCHE STIMMUNG UND BILDSPRACHE DEINE BILDER HABEN SOLLEN UND WELCHE PROPS DU VERWENDEST, DIE DIESE ATMOSPHÄRE UNTERSTÜTZEN KÖNNEN.

Übrigens muss man die Produkte nicht nur fotografieren, man kann sie auch zeichnen und in Form von Illustrationen oder Grafiken veröffentlichen.

6 DAILY NEWS

Tagebuch schreiben

Wenn du in ein paar Jahren auf dein Unternehmen zurückblickst, dann wirst du dich fragen, wie die ersten Tage abgelaufen sind, und dir wünschen, du hättest ein Start-up-Tagebuch geführt.

Mach dir Notizen über deine Gefühle, die **Ups** und **Downs** des Anfangs, schreibe dir auf, was du an diesen Tagen erledigt und welche Reaktionen du darauf bekommen hast.

FIND
BEAUTY
IN
EVERY
DAY.

CREATIVE DAY

Logo entwickeln

Ein Logo ist die wohl größte Entscheidung und Überlegung am Anfang eines Unternehmens, es ist essenziell für die Wahrnehmung eines Unternehmens. Es spiegelt das Unternehmen wider und lässt die Außenwelt oft sofort erkennen, um welches Produkt oder welche Dienstleistung es sich handelt.

Generell unterscheidet man bei Logos zwischen einer *Wort-* und einer *Bildmarke*. Eine *Wortmarke* besteht aus einem Schriftzug, eine Bildmarke aus einem Symbol. Alternativ kann ein Logo auch beides zusammen vereinen. Je nach Unternehmen ist ein klarer Schriftzug oder ein verspieltes Symbol passender, das muss jeder Gründer für sich selbst entscheiden.

Es ist üblich, das Logo seines Unternehmens nach einiger Zeit anzupassen und ein wenig zu verändern. Oft bewirkt solch eine Anpassung eine grundlegende Veränderung im Unternehmen selbst und gibt dem Ganzen einen komplett neuen Look.

DESIGN KENNT KEIN RICHTIG ODER FALSCH, DAHER KANN MAN HIER KEINEN GRUNDLEGENDEN FEHLER BEGEHEN. DAS LOGO SOLLTE ZUM START-UP – VOR ALLEM AUCH ZUM GRÜNDER – PASSEN UND SOMIT AUTHENTISCH SEIN.

Die Wortmarke DESIGN BUBBLES besteht aus einem klaren und puristischen Schriftzug. Die verwendete Schrift ist klassisch, aber ebenso modern. Mit ein wenig Kerning und ein paar Feinheiten an der Schrift selbst ist das Logo nach und nach angepasst worden, aber trotzdem clean und puristisch geblieben. Auf ein Symbol oder Icon im Logo, z. B. eine Kerze, wurde bewusst verzichtet, da man sich damit zu sehr auf ein Produkt einschränkt. Wir wollen uns die Möglichkeit erhalten, weiterzudenken und die Marke für neue Produkte zu öffnen.

Allerdings setzt sich das Corporate Design aus mehr Elementen zusammen, das Logo ist nur ein Bestandteil, wenn auch ein wichtiger. Zum kompletten Erscheinungsbild gehören zusätzlich Grafikelemente, Farben und Bilder, um dem Unternehmen ein einizigartiges und geschlossenes Erscheinungsbild zu verleihen.

Sollte man selbst kein kreativer Kopf sein oder keine Ahnung von Typografie, Icons und Design generell haben, ist es ratsam, sich hierfür Hilfe zu suchen. Es ist für den erfolgreichen Start des Unternehmens wichtig, das bestmögliche Ergebnis in puncto Auftreten und Design zu erzielen.

COLOUR YOUR DAY

Farbe wählen

Eine Farbe bzw. eine Farbfamilie für das Auftreten des eigenen Start-ups zu wählen ist von großer Bedeutung und hilft ungemein, die Wirkung des Unternehmens zu steuern. Es muss entschieden werden, ob die Farben dezent oder auffällig sein sollen. Ebenso ist darauf zu achten, ob die ausgewählte Farbe auch für große Flächen passend ist.

ROT — Aufregung, Leidenschaft & Power. Ist deine Marke laut, verspielt, jugendlich und modern? Dann wähle Rot.

ORANGE — Orange wirkt belebend und ist passend für eine Marke, die hervorstechen und selbstbewusst auftreten will.

GELB — Offen, freundlich und voll jugendlicher Energie ist die Farbe Gelb für deine Marke.

GRÜN — Grün wirkt frisch, beruhigend und harmonisch. Diese Farbe eignet sich für Unternehmen im Gesundheits- oder im Landschaftssektor.

BLAU — Blau – der Klassiker unter den Farben. Diese Farbe schafft Vertrauen, Sicherheit und Frieden, sehr passend im Finanzsektor.

MEIN TIPP: NIMM EINEN FARBFÄCHER (Z. B. VON PANTONE) ZUR HAND UND SUCH DIE LIEBLINGSFARBE(N) HERAUS. VERGLEICH DIE FARBTÖNE MIT DEN FARBEN ANDERER MARKEN. DENK AUCH ÜBER DIE GEWÜNSCHTE ASSOZIATION UND DEN LOOK NACH UND GLEICH DIESE MIT DER FARBWAHL AB.

VIOLETT — Violett steht für Luxus, Fortschritt und Weiblichkeit. Unternehmen der Beauty- oder Tech-Branche favorisieren diese Farbe.

PINK — Pink ist die richtige Wahl für einen modernen, spritzigen und luxuriösen Look. Von Hellrosa bis Neon-Magenta ist alles dabei.

BRAUN — Männlich, bodenständig und seriös erscheint die Farbe Braun. Sie wird im Gegensatz zu anderen Farben eher seltener verwendet.

SCHWARZ — Black is the new black. Schwarz ist und bleibt immer elegant, modern und edel. Perfekt für einen zeitlosen Look deiner Marke.

WEISS — Als neutraler Akzent symbolisiert Weiß Reinheit und Tugend. Die Wirkung hängt sehr von der Kombination mit anderen Farben ab.

GRAU — Grau sollte nicht gewählt werden, wenn man auffallen möchte. Soll die Marke reif, formal und professionell wirken – perfekt.

9 DAY TRADING

Preis finden

„Ihr verkauft Kerzen für knapp 50 Euro?" Diesen Satz höre ich oft von branchenfremden Menschen, die für hochwertige Home Accessoires keinen Bedarf haben. Kerzenfans hingegen schätzen die Qualität, verlieben sich in den Duft und kaufen mit viel Leidenschaft Kerzen, ganz nach dem Motto:

You can't buy happiness, but you can buy candles and that's kind of the same thing.

Das Ziel von DESIGN BUBBLES war von Anfang an klar: ich möchte die **coolste Candle Company der Welt** aufbauen.

Dazu benötige ich nicht nur ein einzigartiges Design, sondern auch die besten Produkte, die es auf dem Markt gibt. Die Massenimporte aus China widerstreben mir und ich wollte eine Kerze kreieren, die tatsächlich mit viel Liebe und aus natürlichen Rohstoffen hergestellt wird. Sie sollte ganz zart duften und mit billigen Duftkerzen – die außer Kopfschmerzen nichts hervorrufen – nichts zu tun haben. Sie sollte nur einen Hauch von Pfingstrosenöl enthalten, das wunderbar frisch und leicht riecht und sich ganz dezent in der Luft

BERECHNE DIE KOSTEN UND BEDENKE, DASS DU NICHT NUR EINEN PREIS FÜR DEINE ENDKUNDEN, SONDERN AUCH EINEN HÄNDLERPREIS BENÖTIGST, DER EINE GEWINNSPANNE ZULÄSST.

verbreitet. Schnell wurde klar, dass hochwertige Öle relativ teuer sind und sich das auch auf den Preis der Kerze auswirken würde.

Die Kombination aus Bio-Sojawachs und Baumwolldochten macht die Kerzen aus und jede einzelne sollte von Hand in Deutschland gegossen werden. Es ist wunderbar, dass selbst unsere Geschenkboxen in Deutschland hergestellt werden und unsere Kunden schätzen genau dieses Konzept. Die Entscheidung hätte auch zugunsten von günstigen Rohstoffen fallen können, doch es sollte eine Premium-Kerze sein, und genau darauf bin ich auch besonders stolz.

Price never goes up. Soll heißen, wenn du dich einmal für einen Preis entschieden hast, wird es wahnsinnig schwer, ihn nochmals zu erhöhen. Nur ganz selten steigt der Preis eines identischen Produkts kontinuierlich, ihn hingegen zu senken ist eigentlich immer möglich. Denke bei deiner Preiskalkulation an deine Zielgruppe und überlege, was für ähnliche Produkte ausgegeben wird.

BUSINESS DAY

Gewerbeschein beantragen

Schnell Durchstarten lautete meine Devise, also möglichst wenig Zeit mit Papierkram verlieren.

Da ich nicht im Team, sondern allein gründen wollte, war der Start mit einer *Personengesellschaft* relativ unproblematisch. Im Team kann eine *GbR (Gesellschaft bürgerlichen Rechts)* gegründet werden. Der Vorteil einer *GbR* ist, dass sie auch mündlich mit sofortiger Wirkung gegründet werden kann. Hinter dieser Gesellschaftsform verbergen sich keine versteckten Kosten. Der Nachteil ist jedoch, dass jeder bei dieser Gesellschaftsform privat und für alle Gründungsmitglieder haftet. Das hieß für mich, dass ich für meine Fehler hafte, aber zumindest nicht für die von jemand anders. Je nach Firmenstruktur und Ausrichtung des Unternehmens können natürlich auch andere Unternehmensformen von Vorteil sein. Hier empfehle ich eine professionelle Beratung.
Hinzu kommt, dass man mit einer *GmbH* ein recht hohes Ansehen genießt und wesentlich ruhiger schlafen kann.

DIE GBR NUR FÜR DIE ERSTEN SCHRITTE DES JUNGEN UNTERNEHMENS, SOBALD ES MÖGLICH IST, SOLLTE MAN DAS RISIKO BESCHRÄNKEN UND EINE GMBH GRÜNDEN.

Don't call it a dream, call it a plan.

GOOD OLD DAYS

Instagram verstehen

Wir leben in verrückten Zeiten, denn es ist möglich, mit einem kostenlosen Onlinetool eine ganze Marke aufzubauen.

Unsere Großeltern hätten es nicht für möglich gehalten und es birgt in der Tat unglaubliche Chancen für Start-ups. Inzwischen ist die Aufmerksamkeit der Zuschauer hart umkämpft, als ich mein erstes Bild auf *Instagram* postete, war kaum jemand online und die Follower kamen hauptsächlich aus den USA und Australien. Allein durch den Vermerk, dass man die Kerzen per E-Mail bestellen kann, gingen über Nacht die ersten Order ein – und das alles ohne eigenen Onlineshop. Es ist ein fantastisches Networking Tool, das mir schon zu viele Kunden und Vorträge beschert hat. Obwohl wir nicht so viele Follower wie einige andere Brands haben, kommt ein toller Austausch zustande – *Instagram* ist nach wie vor der wichtigste Kanal für uns.

Ein neues Unternehmen erfolgreich auf den Markt zu bringen war ganz offensichtlich noch nie so einfach und kostengünstig wie heute.

ÜBER DIE WEITGEHENDE VERNETZUNG IN DEN INDUSTRIELÄNDERN SIND POTENZIELLE KUNDEN OHNE GROSSEN AUFWAND PRAKTISCH IN ECHTZEIT ZU ERREICHEN.

Um eine Fanbase aufzubauen, die auch tatsächlich der eigenen Zielgruppe entspricht, habe ich folgende Tipps:

INTRODUCE
Baue Vertrauen zu deinen Followern auf, indem du dich vorstellst und deine Ziele veröffentlichst. Zeige, dass sich hinter deinem Profil eine echte Person verbirgt, und erzähle, worum es bei dir geht.

POST
Poste ein bis fünf Bilder pro Tag, die Anzahl ist branchenabhängig.

FOLLOW
Folge den Leuten aus deiner Nische und deren Followern.

TALK
Erzähle, welche Probleme du zu Beginn hattest, und teile persönliche Geschichten.

HELP
Hilf anderen, die in einer vergleichbaren Situation sind.

REPRESENT
Poste zu Beginn einige Bilder, die dich gut repräsentieren.

HASHTAG
Verwende etwa 15 Hashtags pro Bild, die deiner Nische entsprechen, und entwirf eigene Hashtags. Informiere dich, welche Hashtags in deiner Nische verwendet werden, je spezieller, desto eher triffst du deine Zielgruppe.

> *Bei DESIGN BUBBLES verwenden wir z. B. folgende Hashtags: candlesandchampagne, designbubbles, scentedcandles, flowerbouquet, detailshot, interiordesign, homedecor, scents, handmadecandles, vegancandles, champagne.*

DISCUSS
Starte eine Diskussion über ein Thema, das dir am Herzen liegt.

COMMENT
Kommentiere die wichtigsten Bilder aus deiner Nische mit deiner ausführlichen Meinung.

PLAN
Verwende die App *Preview*, um deinen Feed zu planen.

12 LIFT DAY

Weihnachtsmann spielen

Die Bestellungen wurden immer mehr, ich habe jede Kerze mit Geschenkpapier eingepackt, liebevoll mit Schleifen verziert und persönliche Grußkarten geschrieben. Schnell war der Tesafilm aufgebraucht, alle alten Schuhkartons verschickt und ich sah den Postboten öfter als meine Freunde.
Da die Kerzen mit einem Kilo pro Stück auch noch relativ schwer sind, hat es gedauert, bis alle Päckchen auf dem Weg zu ihren Besitzern waren. Ich habe immer alle Pakete aus dem Auto geholt und in der Postfiliale abgelegt, meist war die Schlange bei der Post in der Münchner Innenstadt so lange, dass ich täglich eine Stunde warten musste. Alle paar Minuten hat sich die Schlange bewegt und ich musste alle Pakete einen Meter weiter nach vorne heben — und das 20 Mal.

Die anderen Kunden, die mich schon von Weitem sahen, haben sich noch schnell vor mir in die Post gedrängt, um auf keinen Fall hinter mir anzustehen. Bis ich endlich fertig war, hing meist ein Strafzettel am Auto.

MEIDE DIE POSTFILIALEN ZUR MITTAGS- UND ABENDZEIT UND RICHTE DIR EIN GESCHÄFTSKUNDENKONTO EIN, SOBALD DEINE BESTELLUNGEN REGELMÄSSIG WERDEN.

Organisiere außerdem den Versand und besorge dir ein Verpackungs-Kit mit:

- ausreichend Klebeband
- einem Klebebandabrollgerät
- einer zusammenklappbaren Sackkarre
- hübschen Notizkarten
- einem Stapel *DHL*-Frankierscheine
- Füllmaterial
- genügend Kartons und Verpackungsmaterial

bau dir einen Packtisch, an dem du diese Materialien liegen lassen kannst.

13
DAY DREAM

Story schreiben

Die meisten Kunden kaufen Produkte nicht, weil sie sie unbedingt brauchen, sondern weil ihnen gefällt, wofür sie stehen. Emotionalität ist ein wichtiger Bestandteil der PR-Arbeit und du solltest deine Story auf weniger als einer Seite zusammenfassen können.

PEOPLE DON'T BUY *WHAT* YOU DO,

**BUT *WHY*
YOU DO IT.**

DESIGN BUBBLES STORY

Ist es nicht das Schönste, nach einem langen Arbeitstag nach Hause zu kommen, sich an einem lauen Sommerabend auf seiner Terrasse ein wohlverdientes Glas Champagner zu genehmigen, während man bei Kerzen- und Mondschein einen kurzen Moment innehält? Katharina Baumann erinnert sich gerne an die Anfänge von DESIGN BUBBLES und der Suche nach passenden Partnern für ihre bezaubernde Idee.

Die Sonne bahnt sich gerade ihren Weg hinter den Weinbergen der Champagne, während die ersten Arbeiter der Champagnerhäuser bereits mit der Lese beginnen. Nur die besten und schönsten Trauben landen in den Barriquefässern.

Nach einem langen und gründlichen Herstellungsprozess kommt der wohl schönste Moment für den Besitzer des Hauses, die Flaschen werden mit wunderschönen und ausgefallenen Etiketten versehen. Jede einzelne Flasche wird händisch gelabelt und bekommt somit ihre ganz persönliche Handschrift. Diese Arbeitsschritte sind den Mitarbeitern bestens vertraut und werden mit größter Sorgfalt durchgeführt.

Seit ein paar Wochen hat sich jedoch etwas verändert: die Befüllung der Flaschen mit diesem edlen Tropfen fällt weg. Stattdessen werden die leeren Flaschen sicher eingepackt und nach Deutschland, ins schöne München zu Katharina Baumann verschickt.

In diesem Moment nimmt ihre Idee Gestalt an und die Erfolgsgeschichte der Kerzenmanufaktur DESIGN BUBBLES beginnt. Aus leeren Champagnerflaschen werden hochwertige und exklusive Kerzen gefertigt, welche in reiner Handarbeit geschnitten, poliert und mit hochwertigem Bio-Sojawachs mit leichtem Pfingstrosen-Duftöl aufgegossen werden.

Wenn Katharina Baumann heute einen prüfenden Blick über die Ware schweifen lässt und die wunderschönen Etiketten im Sonnenlicht glitzern, wird ihr wieder bewusst, welch ein unbeschreibliches Gefühl es ist, ihr eigenes Produkt in den Händen halten zu können. Diese Leidenschaft für ihr Unternehmen sowie die herausragende Qualität der Kerzen gilt es an die Menschen weiterzugeben.

Beeinflusst von dem einzigartigen Münchner Lebensgefühl, dem hohen Qualitätsanspruch der Champagnerhäuser und dem feinen Duft von Pfingstrosen manifestierte sich mit viel Liebe das Konzept von DESIGN BUBBLES – Champagner und Kerze in einem – mehr Entspannung geht nicht.

14 PRINT DAY

Geschäftsausstattung zulegen

Wie schön, dass man heute innerhalb von ein paar Minuten eigene Visitenkarten in den Druck geben kann. Selbst wenn du keinen Grafikdesigner beauftragt hast und dich mit dem Layouten nicht auskennst, bekommst du ein hübsches Resultat mit Wiedererkennungseffekt.

Eis gibt zahlreiche Online-Druckereien, wir arbeiten mit *Flyeralarm*, da es Onlinedesigns anbietet, mit denen die Vorlage schon gesetzt ist und lediglich ein Logo, ein Bild und die Adresse eingefügt werden müssen. Die bestellten Karten sind zwar etwas teurer als die mit einem selbst entworfenen Design, das konnte ich allerdings auch erst nutzen, als ich die tollste Art Direktorin der Welt eingestellt hatte.

INVESTIERE IN BILDSCHÖNE FLYER, AUFSTELLER UND VISITENKARTEN, DU WIRST DAMIT WIRKEN WIE EIN HOCHPROFESSIONELLES UNTERNEHMEN.

Zu einer **umfassenden Geschäftsausstattung** gehören:

- Visitenkarten
- Briefpapier (für Rechnungen, Angebote u.v.m.)
- Mailings
- Grußkarten
- Aufkleber

Zusätzlich für Messen:

- Flyer
- Aufsteller
- Roll-ups
- Werbemittel (repräsentativ für DESIGN BUBBLES: Streichhölzer)

PRINT DAY

Rechnungsvorlage entwerfen

Bei der Erstellung und Formatierung einer Rechnungsvorlage sind folgende Dinge zu beachten. Unter *www.ariston-verlag.de/100days* seht ihr zwei unterschiedliche Rechnungsvorlagen von DESIGN BUBBLES.

Beim Schreiben einer Rechnung solltest du beachten:

- **Personen**
  Die Adresse des Empfängers sowie des Absenders müssen komplett angegeben werden.

- **Pflicht**
  Die vom Finanzamt erteilte Steuernummer oder die USt-IdNr deines Unternehmens müssen bei Rechnungen, die in die EU verschickt werden, stets genannt werden.

- **Payment**
  Die Bankverbindung auf der Rechnung darf nicht fehlen, ebenso wenig wie ein Zahlungsziel oder das Ausstellungsdatum.

Preis
Aufschlüsselung des Rechnungsbetrags in: Rechnungsbetrag netto und brutto, Summe Mehrwertsteuer (branchenabhängig).

Praktisch
Rechnungen benötigen keine Unterschrift.

Präsentation
Eine Rechnung repräsentiert das Unternehmen genauso nach außen wie ein Flyer. Übersichtlichkeit ist Pflicht, verwende dein Logo und eventuell die Corporate-Farben.

CLEAN UP YOUR DESK DAY

Arbeitsplatz einrichten

Gestalte einen Ort, der dir gefällt, und dekoriere deinen Arbeitsplatz so, dass du dort gerne Zeit verbringst.

Investiere in Notizblöcke, bunte Filzstifte, Post-it-Aufkleber, einen hübschen Kalender und schöne Kugelschreiber. Besorge dir einen Tacker, Locher, Taschenrechner, ein paar Ordner in der gleichen Farbe, stelle dir ein paar frische Blumen auf den Schreibtisch und genieß die Tatsache, dass du in diesem Projekt ganz allein entscheiden kannst.

Wenn du keinen guten Laptop hast, ist das eine zwingend notwendige Investition, mit der du nicht lange warten solltest.

WENN ARBEIT ZUR LEIDENSCHAFT WIRD.

**MAKE
YOUR
HOME
THE
MOST
BEAUTIFUL
PLACE
ON
EARTH.**

Katharina Baumann — Founder

17 BIG DAY

Idee teilen

Viele Start-ups fürchten, besonders in den frühen Produktentwicklungsphasen, dass ihre Geschäftsidee kopiert wird, und möchten dieses Risiko durch strikte Geheimhaltung minimieren. Dabei verschließen sie sich dem enorm wichtigen Austausch mit potenziellen Kunden und anderen Ideengebern. Zudem verzögert sich die Marktdurchdringung zusätzlich, was den Zeitvorsprung gegenüber Imitatoren wieder zunichtemacht.

Meist ist das Projekt noch längst nicht so ausgereift, dass es bereits stolz präsentiert werden könnte. Die Chance, dass ein Start-up Erfolg hat, ist wesentlich größer, wenn die Idee mit anderen geteilt wird. Somit macht es überhaupt keinen Sinn, Panik vor Ideenklau zu haben.

Hab keine Angst davor, dass andere vorschnell über das unfertige Produkt urteilen könnten; sich selbstbewusst mit dem neuen Start-up zu präsentieren ist einer der wichtigsten Erfolgsfaktoren. Nur wer sich traut, das neue Produkt auch zu veröffentlichen, wird später den Mut für noch wesentlich größere Herausforderungen haben. Schäm dich nicht für das unfertige Projekt – es ist Teil des Plans.

Die Meinung von deinen Liebsten ist natürlich wichtig und eventuell hat auch jemand einen wertvollen Tipp zur Produktverbesserung oder einen guten Kontakt für dich. Deshalb erzähl voller Enthusiasmus von der neuen Idee, teil deine Freude und begeistere andere von deinem Vorhaben.

DIE WAHRSCHEINLICHKEIT, DASS GRÜNDER DURCH AKTIVE UND OFFENE KOMMUNIKATION POSITIVE UNTERSTÜTZUNG ERFAHREN, IST WESENTLICH GRÖSSER ALS DIE GEFAHR DER IMITATION EINES GANZEN GESCHÄFTSMODELLS.

18 BRAND NEW DAY

Verpackung finden

Pretty Packaging ist ein Megatrend, der so weit führt, dass die Verpackung teilweise den Wert des eigentlichen Inhaltes überschreitet.
Blogger veröffentlichen häufig ein sogenanntes „Unboxing", sprich sie filmen die Art und Weise, wie das Paket ankommt und wie es ausgepackt wird. Das zeigt sehr deutlich die Relevanz der Verpackung, es lohnt sich offenbar, in hochwertige Kartonagen zu investieren.

You never get a second chance for a first impression.

Folgende Elemente sind bei der Entscheidung über die Verpackung zu bedenken:
Es gibt eine Vielzahl an unterschiedlichen Verpackungsmöglichkeiten, prinzipiell wird in *Stülpdeckelschachteln* und *Faltschachteln* unterschieden.

Ich habe mich für *Stülpdeckelschachteln* entschieden, da sie eine der hochwertigsten Boxen sind, die perfekt zu unseren Kerzen im Premiumsegment passen. Die Box ist überzogen mit einem Leinenpapier, das die Natürlichkeit der Kerzen unterstreicht. Sobald die Boxen bei zahlreichen Händlern in den Geschäften stehen, ist es wichtig, dass die Schachteln relativ robust sind. Diese hochwertigen Boxen haben allerdings den Nachteil, dass sie verhältnismäßig teuer sind und viel Lagerplatz beanspruchen.

Faltschachteln hingegen können ebenso hübsch gestaltet werden und benötigen nur einen Bruchteil an Stauraum für die Lagerung.

Für kleine Produkte kann es auch sehr hübsch sein, silberne *Ziplock Bags* oder *Organzasäckchen* zu verwenden. Sehr gut ist es, wenn das Produkt direkt als Geschenk übergeben werden kann, die Kunden freuen sich, wenn ihnen dieser Service angeboten wird.

WORD OF THE DAY

DO IT YOURSELF

Das wichtigste Motto überhaupt! Zu Beginn eines Start-ups fehlt es an allem, deshalb muss man alles selbst machen (können) und sich für (fast) nichts zu schade sein.

In den ersten Monaten trafen die Bestellungen schneller ein, als ich die Kerzen produzieren konnte. Ich konnte überhaupt nicht durchatmen und hatte keine Zeit, mich um Lieferanten oder Partner zu kümmern. Ein echtes Luxusproblem, aber in der Umsetzung ziemlich anstrengend! Für mich war es das Wichtigste, die Kunden nicht zu enttäuschen, deshalb wurde Tag für Tag Wachs geschmolzen (dafür habe ich mir zwei Campingherdplatten und vier Wasserbadtöpfe gekauft) und es wurden so viele Kerzen gegossen wie nur irgendwie möglich.

Zu diesem Zeitpunkt hatte ich natürlich noch keine Geschäftsräume und wohnte mitten in Schwabing im zweiten Stock ohne Aufzug. Der Inhalt der 30-Kilo-Säcke an Wachs, die ich mir zu Anfang bestellte, war schnell zu wenig, und so orderte ich die erste Tonne an Sojawachs, die mir die Spedition ungefragt vor die Haustüre stellte. Ich hatte das wohl nicht wirklich durchdacht.

NUR DURCH DRASTISCHE SPARMASSNAHMEN KONNTE ICH WEITERMACHEN UND IMMER WIEDER NEUE ROHSTOFFE KAUFEN. WHATEVER IT TAKES – DO IT YOURSELF.

Sagen wir es mal so: In diesem Moment wurde mir klar, dass hier etwas ganz Außergewöhnliches passierte, und mir lief ein Schauer über den Rücken.

Wie kam es dazu, dass ich plötzlich Kerzen verkaufte?
Wieso steht hier eine Tonne Sojawachs?
Wie kommt sie jetzt in den zweiten Stock?

Gleichzeitig wurde mir klar, ich liebte dieses Gefühl. Das Gefühl, dass etwas Spannendes passierte, sich etwas drehte und ich tatsächlich dabei war, ein eigenes Start-up aufzubauen. Ich denke, man könnte sagen, dass ich süchtig bin nach diesem Gefühl. Im Nachhinein habe ich einmal überschlagen, wie viele Kerzen ich selbst gegossen habe. Es waren etwa 5.000 Stück. Vielleicht wäre es besser gewesen, früher Mitarbeiter einzustellen, aber ich empfand es in diesem Moment als notwendig, alles selbst zu machen.

DAY AND NIGHT

Produkt weiterentwickeln

Ein never ending Thema ist die Produktentwicklung. Die eigenen Produkte müssen immer weiterentwickelt werden, das Ergebnis ist nie perfekt.

> **BESONDERS IN DER ANFANGSPHASE IST ES NOTWENDIG, SICH AUSFÜHRLICH MIT DER PRODUKTENTWICKLUNG ZU BESCHÄFTIGEN, UM DIE ERSTE IDEE AUF EIN NEUES LEVEL ZU HEBEN.**

Was kann man bei einer Kerze verbessern? Viel. Sehr viel sogar! Abgesehen vom Glasschneider, der das Glas immer noch schöner und feiner säumen kann, wurden Brennproben mit zig verschiedenen Dochten durchgeführt und etliche Duftöle getestet. Dank *eBay*, *Alibaba* und Co. kann heutzutage eine Vielzahl an Rohstoffen bestellt werden, ohne gleich große Mengen abnehmen zu müssen.

Bei einem Vergleich unterschiedlicher Wachssorten stellte sich heraus, dass ein veganes Sojawachs sehr viele marktrelevante Vorteile vereint. Um die Prototypen rasch herzustellen, wurde jedoch zunächst Paraffin verwendet. Mit dem Wissen, wie eine Champagnerflasche perfekt geschnitten und poliert werden kann, wurde sofort an verschiedenen Flaschengrößen experimentiert: von der Piccoloflasche (0,2 Liter) bis zur 6-Liter-Flasche wurden alle Formate ausprobiert. Gleichzeitig konnte die Gießtechnik sprunghaft verbessert werden. Damit war es möglich, perfekt glatte Kerzenoberflächen zu erzeugen.

In der Folge davon entstanden zahlreiche Halloween-, Weihnachts- und Geburtstagskerzen, um nur einige wenige zu erwähnen.

21 SEIZE THE DAY

BELIEVE IN YOUR STRENGTHS.

YOU CAN TOTALLY DO THIS.

REAL DAY 22

Konto einrichten

Bei der Einrichtung eines Geschäftskontos sind die gleichen Dinge zu beachten wie bei einem privaten Konto: Kosten, Sicherheit und Service der Bank. Mit der Investition von ein paar wenigen Euro pro Monat sind die Kosten für das Geschäftskonto meist gedeckt. Eine strukturierte Kontoführung ist essenziell für einen guten Überblick, schließlich müssen die geschäftlichen Einnahmen erst versteuert werden, bevor sie privat wieder ausgegeben werden können.

Meiner Erfahrung nach ist es sinnvoll, in den ersten Tagen der Gründung ein Geschäftskonto zu beantragen, relativ schnell fallen Ausgaben an, die keineswegs privat übernommen werden müssen.

Auch wenn du nicht weißt, ob du mit deinen neuen Produkten jemals Umsatz generieren wirst, trau dich und organisiere dich so, als hättest du bald ein florierendes Unternehmen.

~~YESTERDAY~~

NOW.

~~TOMORROW~~

23 MADE MY DAY

Gleichgesinnte suchen

Viele meiner Freunde sind nach dem BWL-Studium in die Beratung gegangen, andere in die Kreativbranche oder sie wurden Journalisten – keiner hat jedoch ein Start-up gegründet. Während sie sich beklagten, dass sie nur im Flugzeug saßen und zu viele Stunden arbeiteten, hatte ich völlig andere Probleme.

Durch Zufall habe ich auf *Facebook* eine Gruppe entdeckt, in der sich Gründer austauschten, und tatsächlich, alle hatten die gleichen Sorgen.

Wer hilft mir bei meinem Onlineshop?
Wer entwirft schöne Visitenkarten?
Wo finde ich einen Investor?

Connected euch über *Facebook* mit Gründern in eurer Stadt, startet einen Stammtisch und helft euch gegenseitig, es ist eine Bereicherung für alle!

TOGETHER

EVERYONE

ACHIEVES

MORE

24 GLORY DAYS

Finanzielle Förderung suchen

Es gibt zahlreiche staatliche Förderungen, die ohne übertrieben großen Aufwand beantragt werden können. Die *Agentur für Arbeit* unterstützt in manchen Fällen mit monatlichen Beträgen, aber auch Messen sind teilweise subventioniert. Es gibt zum Beispiel auf der Einrichtungsmesse *Ambiente* ein ganzes Areal, das geförderten Unternehmen vorbehalten ist. Dort sind bereits alle Stände mit Ausstellungsmöbeln bestückt. Lediglich die eigenen Produkte müssen mitgebracht werden, unbezahlbar in meiner damaligen Situation.

IF THE PLAN DOESN'T WORK,

CHANG

Eine Bewerbung beim *Bundesministerium für Wirtschaft und Energie* (kurz *BMWi)* ist unkompliziert und dessen Unterstützung ist in der Anfangsphase eines Unternehmens außerordentlich hilfreich.

HE PLAN.

BUT NEVER THE GOAL.

25 BEST DAY EVER

Ziele setzen

DOUBLE YOUR DREAM!

Was ich im Silicon Valley lernen durfte, ist das Motto fast aller erfolgreichen Gründer.

Wer in der deutschen Kultur aufwächst, dem wird beigebracht, bloß nicht zu hoch zu stapeln und auf keinen Fall zu scheitern! Dementsprechend setzen die meisten Gründer ihre Ziele viel zu niedrig an. Auf dem Workshop im Silicon Valley 2017 (noch bevor ich Mitarbeiter hatte) wurde viel über das Pitchen vor Investoren und Finanzierungsmöglichkeiten gesprochen. Die wichtigste Erfahrung war jedoch, die Denkweise der Menschen kennenzulernen, die sich in dieser Region gravierend von allen anderen unterscheidet. Es gilt dort als selbstverständlich, mit extremen Ideen ernst genommen zu werden, die Ziele können gar nicht groß genug sein. Und die Realität gibt ihnen recht: Nirgendwo sonst auf der Welt entstehen so viele erfolgreiche Start-ups, die mit ihren Ideen ganze Wertschöpfungsketten auslösen. Das Mindset scheint der kritische Erfolgsfaktor zu sein. Es ist wohl kein Zufall, dass fast alle großen Gründungen unserer Zeit ihre Basis im Silicon Valley haben. Ich habe die Message **double your dream** so sehr verinnerlicht, dass sie zur Grundlage meiner Motivation geworden ist.

Wer große Träume hat, braucht auch große Ziele. Erst wenn deine Ziele so groß sind, dass sie dir völlig utopisch erscheinen, wäre ein Investor aus dem Silicon Valley zufrieden.
Schau dir das ab, denn nur wer Ziele hat, kann sie auch erreichen.

Setze dir monatliche Ziele, die du wie eine To-do-Liste abarbeitest

+ Setze dir jährliche Ziele, um deinen Fortschritt zu kalkulieren!

+ Setze dir ein Ziel für dein Unternehmen!

= And now double them!

WIR MACHEN **DESIGN BUBBLES** ZUR COOLSTEN CANDLE COMPANY DER WELT!

DESIGN BUBBLES TEAM

25/100

DAYS OF YOUR LIFE

ONE FINE DAY

Unique sein

Dank exklusiver Lizenzen, die mit den kooperierenden Champagnerhäusern vereinbart wurden, dürfen deren Flaschen zur Kerzenproduktion verwendet werden. Das macht DESIGN BUBBLES absolut einzigartig, also unique.

Was ist das Einzigartige an deinem Start-up?

Je besonderer und seltener ein Produkt ist, desto schwerer ist es zu ersetzen und je größer sind die Absatzchancen. Ein Investor möchte immer wissen, was der *USP* ist und warum er genau in diese Neuheit investieren sollte. Unter *USP* versteht man die *Unique Selling Proposition,* also das einzigartige Verkaufsargument bzw. das Alleinstellungsmerkmal, das für das Produkt spricht. Die Fragen, was der *USP* deines Produkts ist und warum ein Investor sich dafür interessieren könnte, solltest auch du dir stellen, bevor du loslegst.

Ist die Idee wirklich einzigartig?

Betrachtest du sie als so wertvoll, dass du in sie investieren möchtest?

Was ist das Alleinstellungsmerkmal und das einzigartige Verkaufsargument deines Produkts?

USP, der oder die
[juː | ɛs | piː]

Abkürzung für englisch *Unique Selling Proposition* oder *Unique Selling Point*

Als Alleinstellungsmerkmal wird ein besonderes Leistungsmerkmal bezeichnet, durch das sich ein Angebot, das Produkt selbst oder Sonstiges sichtlich vom Wettbewerb abhebt.

FRIENDS DAY

Um Hilfe bitten

Für eine ehrliche Meinung oder einen wirklich gut gemeinten Rat sind Freunde unersetzlich. Vertraue auf ihre unterschiedlichen Talente und nimm Unterstützung großzügig an.

Ich empfehle, sogar noch einen Schritt weiterzugehen und aktiv um Hilfe zu bitten: Wer kann auf einer Messe helfen? Wer weiß, wie man ein schönes Layout für einen Flyer zaubert? Ich habe viele meiner Freunde um Hilfe gefragt und einzigartige Unterstützung bekommen.

Meine Mama ist von Kopenhagen bis Paris mit auf Messen geflogen, mein Papa programmierte den wunderschönen Onlineshop, mein Freund und mein Bruder haben tagelang Pakete eingepackt und mich immer toll unterstützt. Meine Freunde arbeiten glücklicherweise in den unterschiedlichsten Branchen, von Cashflow-Plänen bis zu Veröffentlichungen wurden dadurch alle Wünsche erfüllt.

Das Besondere ist allerdings: Ich habe auch Fremde um Hilfe gefragt!

ASK AWAY!

Ich hatte mich zu spät für eine wichtige Einrichtungsmesse angemeldet und keinen Stand mehr erhalten. In dem Wissen, dass die Messe für DESIGN BUBBLES entscheidend sein könnte, wollte ich nicht sechs Monate auf die nächste Chance warten. Ich schlich mich beim Aufbau an dem Parkwächter vorbei und suchte in der Halle nach einem „heimlichen" Stand für die Präsentation von DESIGN BUBBLES. Der erste Mann, den ich auf dem Gelände sah, baute gerade seine Schränke auf. Ich nahm meinen ganzen Mut zusammen und gestand ihm, dass ich eine Fläche bräuchte und keine bekam. Ich wollte wissen, ob er nur ein oder zwei Quadratmeter abzugeben hätte, ich würde mich auch ganz unauffällig verhalten und dafür bezahlen. Ohne mit der Wimper zu zucken, meinte er: „Kein Problem, das machen wir!" Wir hatten eine sensationelle Messe, er hat mir keinen Euro dafür berechnet, wir konnten uns gegenseitig Kunden zuspielen und treffen uns noch heute jede Saison auf einen Kaffee.

Solch einen Support empfand ich als außergewöhnlich. Ich musste über meinen Schatten springen, um nach dem Stand zu fragen, aber es hat sich gelohnt. Seit meiner Gründung sind mir derartige Geschichten unglaublich oft passiert. Ich finde es einfach fantastisch, dass die Unterstützung fast grenzenlos ist.

SALES DAY

Verkaufen lernen

Kommen wir zu einem weiteren wichtigen Punkt: **Vertriebsbasics**. Oder **Sales**. **Sales** klingt schon viel besser.

In den ersten Wochen war die Aufregung so groß, dass ich jedem (der wollte oder nicht wollte) von DESIGN BUBBLES erzählte.

Immer wieder wurde mir gesagt, dass ich strahle, wenn es um das Thema Kerzen geht und damit andere unterbewusst begeistern konnte.
Von Anfang an machte sich das Gefühl breit, einen Rohdiamanten gefunden zu haben, der lediglich noch geschliffen werden musste – das sah außer mir zwar kaum jemand so, aber das interessierte mich nicht. Durch meinen Enthusiasmus verbreitete sich die Idee wie ein Lauffeuer und immer wieder bekam ich Rückmeldungen, dass jemand über drei Ecken von DESIGN BUBBLES gehört hatte und daraufhin eine Kerze kaufte.

ENTHUSIASM PULLS THE SWITCH!

Die Produkte von DESIGN BUBBLES werden über

- **einen eigenen Onlineshop**
- **einen eigenständigen Instagram-Kanal**
- **virales Marketing**
- **& direkte Kundenansprache**

vermarktet.

DULL DAY 29

Einkaufspreise entwickeln

Die Produkte eines Herstellers können an den Endkunden zum Beispiel in einem eigenen Store verkauft werden. Wenn sie auch in anderen Shops angeboten werden sollen, muss an eine Händlermarge gedacht werden. Das bedeutet, dass die Produkte mit Rabatt an den Laden verkauft werden, damit der Einzelhandel auch etwas daran verdient.

Im Premiumsegment der Modebranche ist zum Beispiel eine Marge mit dem Faktor von 2,8 üblich — gerechnet vom Netto- auf den Bruttopreis. Das heißt, dass du ein T-Shirt für 10 Euro netto an einen Laden verkaufst und dieser verkauft es dann für 28 Euro brutto an den Endkunden.

Informiere dich über die üblichen Handelsmargen deiner Branche und versuche dich daran zu orientieren. Es ist dir natürlich völlig freigestellt, ob du dich daran hältst oder nicht.

Wenn dein Produkt besonders gut ist, kannst du den Preis auch erhöhen, dann erreichst du eventuell nur Shops aus deiner Nische, die die Sachen unbedingt führen möchten.

Wenn der Preis zu günstig angesetzt ist, ist die Gefahr groß, dass die Sachen schnell im Sale landen, schließlich hat der Handel noch Spielraum. Das schädigt langfristig deine Marke.

Wichtig ist auch zu wissen, dass in Deutschland kein Preis vorgeschrieben werden darf, für den die eigenen Produkte weiterverkauft werden, es gibt lediglich eine *UVP (eine unverbindliche Preisempfehlung)*. Die Ware darf nur nicht unter dem Einkaufspreis verkauft werden, sonst ist alles erlaubt.

Learnings for today:

Denk an eine Gewinnmarge für deine Händler.

Orientiere dich an den Preisen deiner Branche.

Überlege dir eine UVP.

ROUGH DAY PART 1

Preisstaffeln aufsetzen

Auf Handelsmessen ist es üblich, mit Preisstaffeln zu arbeiten, um die Kunden zu einer größeren Abnahmemenge zu verleiten.

Ein Schrank voller Kerzen macht sich in einer Boutique wesentlich besser als nur ein paar vereinzelte Exemplare.

Anbei könnt ihr unsere Liste von DESIGN BUBBLES als Beispiel nehmen. Preise und die Menge sind vom jeweiligen Produkt abhängig und müssen angepasst werden.

DESIGN BUBBLES
CANDLES & CHAMPAGNE

PREISE

MINDESTBESTELLMENGE   00 Kerzen

CANDLES
Bis zu 00 Kerzen   00 Euro pro Kerze
Ab 00 Kerzen   00 Euro pro Kerze

METAL CANDLES
Bis zu 00 Kerzen   00 Euro pro Kerze
Ab 00 Kerzen   00 Euro pro Kerze

MAGNUM CANDLES   00 Euro pro Kerze

CHAMPAGNE   00 Euro pro Flasche

Alle Preise sind Netto-Einkaufspreise, gültig bis Dezember 2018

VERSAND

LIEFERZEIT   2 - 4 Wochen

Versand per DHL
Deutschland   je 00 Kerzen 00 Euro
EU   je 00 Kerzen 00 Euro

KONTAKT

DESIGN BUBBLES GMBH
Katharina Baumann

T   +49 / 151-5870-5163
M   info@designbubbles.de
W   www.designbubbles.de

31 FUN DAY

Aufkleber drucken

Das Ziel ist, den Bekanntheitsgrad des Unternehmens so schnell wie möglich zu steigern. Deshalb darf keine Möglichkeit ausgelassen werden, den Namen des Unternehmens zu positionieren. Das Logo kann in den Druck gegeben werden (z. B. bei *www.myfolie.com*), um es auf sämtlichen Oberflächen zu präsentieren.

Schmück das Auto mit dem Logo, druck Visitenkarten, kleine Aufkleber für Handy und Laptop, ändere das Hintergrundbild auf deinem Computer, verschenke die Aufkleber an deine Freunde u. v. m.

> **JEDER AUFKLEBER IST EINE TOLLE WERBUNG FÜR DICH UND DEIN START-UP. LASS DIR KEINE (VOR ALLEM: KEINE KOSTENFREIE) CHANCE ENTGEHEN, UM DEINE MARKE VORANZUBRINGEN.**

COURAGE

OVER

COMFORT

ROUGH DAY PART 2

Angebotsvorlage entwerfen

Bei der Abnahme großer Stückzahlen ist es üblich, einen Rabatt zu gewähren. Dazu wird in einem Angebot eine Preisstaffel erstellt, die dazu verführen soll, möglichst viele Exemplare abzunehmen. Außerdem werden der Liefertermin, die Speditionskosten und das Lieferdatum geklärt.

DESIGN BUBBLES

Design Bubbles GmbH
Tel. +XX (XXX) XXXX XXXX

PFLICHTANGABEN
www.designbubbles.de
info@designbubbles.de

Design Bubbles GmbH, Straße XX , XXXXX München

ANSCHRIFT AUF HÖHE DES ADRESSFENSTERS
Max Mustermann
Berliner Straße 1
81679 München
Deutschland

Bank XXXXXXXX
Design Bubbles GmbH
IBAN: XXXX XXXX XXXX XXXX XXXX XX
BIC: XXXXXXXX
Ust.-ID XX XXX XXX XXX
Amtsgericht XXXX
Geschäftsführerin:
Katharina Baumann
Sitz der Gesellschaft Burghausen

FORTLAUFENDE ANGEBOTSNUMMER
Angebot
Nr.   1234
Datum: 01.01.18

Position	Anzahl	Artikel	Einzelpreis netto	Summe netto
			NETTO	
1	10	Design Bubbles	100,00	1.000,00 €
2	100	Design Bubbles	90,00	9.000,00 €
3	1000	Design Bubbles	80,00	80.000,00 €

Ware wird zum 31.12.2018 per Spedition geliefert.

Zahlbar sofort ohne Abzug
ZAHLUNGSKONDITIONEN

33 ROUGH DAY THE THIRD

Auftragsbestätigung aufsetzen

Es ist üblich, an einen Geschäftskunden, der eine große Bestellung tätigt, eine Auftragsbestätigung zu senden. Damit ist der Auftrag offiziell angenommen und es werden alle vereinbarten Lieferbedingungen festgehalten.

DESIGN BUBBLES

Design Bubbles GmbH
Tel. +XX (XXX) XXXX XXXX

PFLICHTANGABEN

www.designbubbles.de
info@designbubbles.de

Design Bubbles GmbH, Straße XX, XXXXX München

ANSCHRIFT AUF HÖHE DES ADRESSFENSTERS
Max Mustermann
Berliner Straße 1
81679 München
Deutschland

Bank XXXXXXXX
Design Bubbles GmbH
IBAN: XXXX XXXX XXXX XXXX XXXX XX
BIC: XXXXXXXX
Ust.-ID XX XXX XXX XXX
Amtsgericht XXXX
Geschäftsführerin:
Katharina Baumann
Sitz der Gesellschaft Burghausen

FORTLAUFENDE RECHNUNGSNUMMER
Auftragsbestätigung
Nr. 1234
Datum: 01.01.18

Position	Anzahl	Artikel	Einzelpreis	Summe
			NETTO	
1	20	Design Bubbles	100,00	2.000,00 €
2	1	Versandkosten	6,50	6,50 €

Ware wird zum 31.12.2018 per Spedition geliefert.

		NUR NETTO RELEVANT
	Summe netto	2.006,50 €
	19% MWST.	381,24 €
Zahlbar sofort ohne Abzug	Summe brutto	2.387,74 €
ZAHLUNGSKONDITIONEN		

34 WHAT A DAY

Erste Messe überleben

Nachdem alle lokalen Geschäfte angesprochen und mehrere Städte für Verkaufstrips angefahren wurden, fragte mich eine Dame in einem edlen Blumenladen, ob wir uns bald auf der Messe wiedersehen würden.

Ich wusste nicht einmal, dass Messen für Dekorationsartikel existieren, und ließ mir den Namen der Veranstaltung geben. Zurück im Auto rief ich dort an und bat um ein Angebot. Die Dame am anderen Ende der Leitung fragte verwundert: „Sie wissen schon, dass die Messe morgen stattfindet?" Nein, wusste ich nicht. Sie verschwand kurz und kam mit einem tiefen Schnaufen zurück ans Telefon und meinte, sie hätte noch einen letzten Stand. „Den nehm' ich!", schoss es aus mir heraus und so fuhr ich direkt aus Wien mit einem kurzen Zwischenstopp in München zur Messe nach Frankfurt.

Was ich nicht wirklich bedacht hatte, war, dass ich weder einen Messestand noch Flyer oder Poster besaß, um DESIGN BUBBLES dort zu präsentieren. Da nur eine Nacht Zeit zur Vorbereitung war, baute ich die Möbel in meiner Wohnung (die meinem Vermieter gehörten – sorry an dieser Stelle) ab und auf der Messe wieder auf.

Frische Blumen, Luftballons und eine passende Kleidung in Rosé sollten ein halbwegs harmonisches Bild zusammen mit den Candles und der Design-Sprache von DESIGN BUBBLES ergeben.

Dort angekommen stellte ich fest, dass ich kein Licht gebucht hatte und mit meinen Candles sprichwörtlich im Dunklen stand.

Einige Kunden kamen an meinem Stand vorbei und es war schnell das Ziel, jedem einzelnen Besucher von DESIGN BUBBLES zu erzählen. Ich erklärte das Wachs, die Herkunft des Champagners und die Duftnote des Öls … Und tatsächlich – die Leute bestellten. Und nicht nur eine Kerze, sondern gleich eine ganze Kiste voll, sie wollten ja nicht gleich wieder ausverkauft sein!

Ich hatte nicht mal Zeit zum Mittagessen und merkte nach ein paar Tagen, wie meine Stimme von der schlechten Luft und dem vielen Reden brüchiger wurde.

Am letzten Tag der Messe kam eine Dame vorbei, die nicht besonders interessiert schien – ich erzählte ihr meine Story trotzdem. Eine halbe Stunde später kam sie mit zwei Frauen im Hosenanzug zurück, sie seien von Lufthansa und würden gerne für all ihre Shops an den Flughäfen bestellen. Meine Hände zitterten so sehr, dass ich den Taschenrechner kaum halten konnte. Nach über einer Stunde Überlegungen und Beratung war der Deal unterschrieben. Die drei Damen verabschiedeten sich und bei mir flossen zahlreiche Freudentränen.

Vielleicht war es jetzt doch an der Zeit für eine kurze Mittagspause.

Learnings for today:

Sei spontan!
Trau dich!
Improvisiere!

SHE BELIEVED SHE COULD SO SHE DID.

35

PACK DAY

Checkliste erstellen

Eine Messe vorzubereiten ist das A und O, deshalb ist eine Checkliste eine einfache Lösung, an alles zu denken und nichts zu vergessen. Hier findet ihr eine allgemeine Checkliste zum Selbstausfüllen für die Vorbereitungen schon lange vor der Messe sowie eine Packliste für die Messe vor Ort.

Vor der Messe:

- Stand buchen
- Standmiete bezahlen
- Parkplatz auf dem Messegelände mieten
- Möbel/Messebau organisieren
- Boden: Wird ein Teppich o. Ä. benötigt?
  Lichtsituation nachfragen: Müssen Lampen dazugebucht werden?
- Standplan überlegen
- Visitenkarten drucken lassen
- Flyer drucken lassen
- Bestellformulare drucken lassen
- Prüfen: Dürfen Produkte direkt verkauft werden?
- Reminder an Kunden senden

Auf die Messe mitnehmen:

- Produkt
- Verpackung des Produkts
- Klappstuhl
- Schere
- Klebeband
- Doppelseitiges Klebeband
- Stifte
- Flyer
- Visitenkarten
- Bestellformulare
- Lookbooks
- Roll-up
- Aufsteller
- Werbemittel
- Print-Veröffentlichungen
- Tüten
- Firmenstempel
- _____
- _____
- _____
- Rechnungsblock
- Ladekabel Handy
- Ladekabel Laptop
- Lautsprecher für Musik
- Kasse
- Wechselgeld
- Desinfektionstücher
- Studentenfutter
- Snacks
- Wasser
- Große Box um alles zu verstecken
- Büchlein für Notizen und um Visitenkarten einzuheften
- Tacker
- Dekoration
- Lampen
- _____
- _____
- _____

36 WHAT A DAY

Zahlungskonditionen unterscheiden

Während Endkunden sofort bar bezahlen oder beim Onlineshopping zwischen Kreditkarte oder Sofortüberweisung wählen können, stehen Händlern oft noch weitere Zahlungsweisen und -konditionen zur Auswahl, die immer individuell verhandelt werden.

Meiner Erfahrung nach kann man guten Gewissens Ware für Geschäftskunden innerhalb von Deutschland per Rechnung versenden. Die Kunden zahlen also erst nach Erhalt der Produkte.

> **VORSICHT**
> Sobald deine Päckchen allerdings das Land verlassen oder von Privatpersonen bestellt wurden, rate ich dringend davon ab, da im Ernstfall diese Zahlungsausfälle in der Praxis kaum geltend gemacht werden können.

Prinzipiell unterscheidet man zwischen diesen Zahlungsbedingungen:

14 Tage netto ohne Abzug — Soll heißen, der Kunde bezahlt innerhalb von 14 Tagen den vereinbarten Betrag.
Etwas verwunderlich, dass das nicht selbstverständlich ist.

Sofort fällig nach Rechnungsstellung — auch hier gibt es ein Zeitfenster von ein paar wenigen Werktagen.

10 Tage abzüglich 2 % Skonto — der Kunde zahlt schnell, zieht dafür aber 2 % von der gesamten Summe ab.

Vorauskasse — der Kunde bezahlt erst und bekommt danach seine Ware.
Sehr zu empfehlen, wenn die Produkte ins Ausland geschickt werden.

TODAY IS THE DAY

Ersten Großauftrag ausführen

Ratet mal, woran ich nicht gedacht habe?
Richtig.
Den ersten Großauftrag auch auszuführen.

Ich war so damit beschäftigt, die Kerzen zu vermarkten und zu verkaufen, dass ich nicht eine Sekunde daran dachte, wie ich die Masse an Kerzen danach produzieren, verpacken und versenden sollte.
Eigentlich wäre hier schon das erste Mal eine Auslieferung auf Palette nötig gewesen, aber dafür gab es keinen Platz in meinem Apartment. Ich bestellte weiter Wachs, Champagnerflaschen und Verpackungsmaterial, zum Schluss musste ich über Pakete in mein Bett klettern.

Es war eine Start-up-Phase wie aus dem Bilderbuch.

In diesem Moment wurde mir klar, ich hatte den *Proof of Concept* erfüllt, sprich den Beweis dafür, dass das Produkt funktioniert und im Markt angenommen wird – ein weiterer Meilenstein war erreicht.

ES GIBT KEIN VORGEGEBENES ZEITFENSTER, IN DEM DER PROOF OF CONCEPT ERFÜLLT WERDEN SOLLTE. MANCHE PRODUKTE WERDEN VOM MARKT SCHNELL ANGENOMMEN, ANDERE BENÖTIGEN EINE LÄNGERE ANLAUFZEIT. LASS DICH NICHT VERUNSICHERN, WENN DEIN PROOF OF CONCEPT ERST SPÄTER EINTRITT.

Der erste Großauftrag führte dazu, neue rechtliche Gegebenheiten und Skaleneffekte zu diskutieren. Bei großen Aufträgen ist es üblich, Lieferantenverträge zu unterzeichnen, die die Lieferbedingungen und Lieferzeiten festlegen. Wie immer ist bei solchen Verträgen auch von einer Haftung bei Nichtlieferung die Rede. Um dafür nicht persönlich einstehen zu müssen, musste eine neue Rechtsform her. So entstand der Gedanke, die DESIGN BUBBLES GmbH zu gründen – eine wundervolle Entscheidung, denn sie gab dem kleinen Unternehmen einen sehr offiziellen Rahmen und beschränkt die Haftung.

38 DISH OF THE DAY

Bargeldloses Bezahlen ermöglichen

Kartenzahlung ist ein komplexes Thema in Deutschland. Leider ist es weder üblich noch selbstverständlich, auch kleinere Beträge mit Karte begleichen zu können, selbst bei Großunternehmen oder Ketten fehlt dieses Angebot sehr oft. In anderen Ländern ist es völlig normal, ohne Bargeld unterwegs zu sein, schließlich kann man alles und überall mit Karte bezahlen.

Da mich diese Rückständigkeit sehr stört, war es mir ein besonderes Anliegen, dass Kunden von DESIGN BUBBLES von Anfang an auf Shopping Events bargeldlos bezahlen können.

Für die zahlreichen Pop-up-Stores wurde ein mobiles Kartenlesegerät erworben. Es ist so groß wie ein Handy und ermöglicht die schnurlose Annahme von Kredit- und EC-Karten. Das Kästchen verbindet sich per Bluetooth mit dem Handy, es können Accounts für Mitarbeiter eingerichtet werden und es funktioniert super easy.

39
DAY GLOW

PR-Kit zusammenstellen

Da ich eine Zeit in unterschiedlichen Moderedaktionen gearbeitet habe, weiß ich genau, wie PR-Unterlagen großer Unternehmen aussehen, welche veröffentlicht werden und warum.
Erfolgreiche Redakteure bekommen täglich unzählige von E-Mails, alle mit dem Wunsch nach einer Veröffentlichung. Natürlich muss das Produkt etwas Besonderes sein, das setzen wir nun voraus.

> **MEIN TIPP IST ES, DEN REDAKTEUREN IHREN JOB SO EINFACH WIE MÖGLICH ZU MACHEN, DAS ERHÖHT DIE CHANCEN DER VERÖFFENTLICHUNG UNGEMEIN.**

Zunächst musst du herausfinden, wer dein Ansprechpartner ist, dann versendest du eine E-Mail mit dem folgenden Inhalt:

Ein kurzes **Anschreiben**, warum du dich meldest, und einen **Downloadlink** (kann via *dropbox* oder *wetransfer* generiert werden), der folgende Punkte beinhaltet:

Pressetext
professioneller Text inklusive deiner Story
(siehe unser Beispiel auf der nächsten Seite)

Moods
Bilder deiner Produkte, wie sie hübsch dekoriert sind

Freisteller
Fotos deiner Produkte vor einem neutralen Hintergrund

Unverbindliche Preisempfehlung
Preise deiner Produkte

Persönliches Foto
ein mehr oder weniger professionelles Bild von dir als Gründer

Logo
als Vektordatei

Kontakt
die Kontaktdaten von dir bzw. dem Unternehmen

DESIGN BUBBLES PRESSETEXT

Die Idee, die hinter den Kerzen von DESIGN BUBBLES steckt, ist simpel, aber kreativ: Leere Champagnerflaschen werden professionell geschnitten, poliert und mit Bio-Sojawachs befüllt. Heraus kommen bildschöne Kerzen, die nicht nur durch die Vielfalt der Etiketten verzaubern, sondern auch noch wundervoll duften.

Das Münchner Start-up wurde 2014 gegründet und legt großen Wert auf ausgezeichnete Qualität – die gesamte Produktion wird deshalb von Hand in Deutschland durchgeführt. Die Gründerin, Katharina Baumann, hat zuvor ihr BWL-Studium abgeschlossen und eine Sommelier-Ausbildung absolviert, denn bei DESIGN BUBBLES kann man nicht nur Kerzen, sondern auch den passenden Champagner kaufen – Design und Bubbles eben.

„Wir fahren regelmäßig nach Frankreich und verkosten zahlreiche Champagner – nur die besten werden aufgenommen und über den Onlineshop mit den passenden Kerzen vertrieben. Alle Champagnerhäuser, deren Erzeugnisse wir vertreiben, sind noch heute in Familienbesitz, teilweise in der 9. Generation. Es gibt so viele Geheimtipps in der Champagne und wir möchten ein Bewusstsein für diese hervorragende Qualität schaffen", so die Gründerin.

Die Bio-Kerzen duften ganz leicht nach Pfingstrose und besitzen eine Brenndauer von vierzig Stunden. Außerdem können die hübschen Behälter anschließend zur Aufbewahrung von Stiften oder Schminkpinseln verwendet werden.
Aktuell sind die Kerzen von DESIGN BUBBLES in fast zweihundert Concept Stores, Boutiquen und Department Stores erhältlich, unter anderem im *KaDeWe*.
Momentan ist es besonders modern, Rosé-Champagner in durchsichtigen Flaschen abzufüllen, und nun greift auch DESIGN BUBBLES diesen Trend auf. Die Rosé-Kerzen gibt es ab sofort auch in weißem Glas, verpackt in zartrosa Geschenkschachteln mit goldglänzendem DESIGN-BUBBLES-Logo – und natürlich dem passenden Champagner!

Preise DESIGN BUBBLES

Kerze	49 Euro
Kerze mit Metall-Label	79 Euro
Magnumkerze	119 Euro
Kerze & Champagner	89 Euro

40
MAIL DAY

Professionelles E-Mail-Marketing

Für den Launch eines neuen Produktes ist die Aussendung einer schönen E-Mail unerlässlich, schließlich muss die Presse informiert und Gäste zu einem Event eingeladen werden.

Doch wen schreibe ich überhaupt an?

Die Printmagazine veröffentlichen auf den letzten Seiten jeden Monat das Impressum und die Namen der Mitwirkenden. Hieraus lässt sich einfach ablesen, wer für das jeweilige Ressort der richtige Ansprechpartner ist. Ein kurzer Anruf beim Verlag verrät die passende E-Mail-Adresse. Um die Kontakte zu verwalten, wird eine Tabelle angelegt, die mit Notizen und Daten zur Kontaktaufnahme gefüllt ist.

Es ist essenziell, dass der Kontakt zur Presse sehr professionell abläuft, mit ein paar Tricks stehen die Chancen auf tolle Veröffentlichungen sehr gut.

Das größte Problem beim Versenden von E-Mails ist, dass die Bilder und Videos nicht auf allen Endgeräten gleich angezeigt werden.

Dieses Problem löst beispielsweise *MailChimp*, ein Programm, mit dem kinderleicht bildschöne E-Mails erstellt und versendet werden können, die auch wirklich bei allen Adressaten korrekt angezeigt werden.

> **DIE KOSTENLOSE VERSION DES PROGRAMMS IST VÖLLIG AUSREICHEND, WIR VERSENDEN DAMIT ALLE PRESSEEINLADUNGEN UND BEKANNTMACHUNGEN UND SIND BEGEISTERT VON DEN POSITIVEN REAKTIONEN. BEACHTE IN DIESEM FALL DIE SICH STÄNDIG ÄNDERNDE RECHTSSPRECHUNG, WAS DEN DATENSCHUTZ BETRIFFT.**

In der E-Mail können Buttons erstellt werden, die z. B. direkt zu einer Homepage führen oder eine automatische Antwortmail generieren. Bevor du dich in das Programm einarbeitest, leg dir die Bilder zurecht, die in der E-Mail versendet werden sollen, und formuliere den Text für die Einladung. Diese Elemente müssen nun nur noch per Drag-and-drop eingefügt werden.

And send!

41 LADIES DAY

Blogger suchen

Die Zusammenarbeit mit erfolgreichen Bloggern war der ausschlaggebende Grund dafür, dass wir schnell Follower hatten und damit Reichweite generieren konnten.
Es zeigt sich, dass *Instagram* dabei wie ein Schneeballsystem funktioniert: Sobald die ersten User die Bilder liken und kommentieren, vervielfacht sich die Reichweite der Fotos.

Die Mitarbeit im Organisationsteam der Mailänder *Fashion Week* während meines Auslandsemesters gewährte mir Zutritt zu allen Shows. Natürlich hatte ich immer eine Kerze in der Handtasche und sobald ich eine berühmte Persönlichkeit oder eine Bloggerin traf, bat ich höflich um ein Foto mit ihr – und der Kerze.

So kam ich zu einem Bild mit der Modebloggerin schlechthin, *Kristina Bazan*. Der Post brachte mir in nur wenigen Stunden Hunderte neue Follower und Tausende Likes ein.

Kristina Bazan ließ sich gerne mit dem neuen Produkt ablichten, eine hervorragende Werbung für mein junges Unternehmen.

Doch wie spreche ich Blogger richtig an?

Inzwischen gibt es Blogger wie Sand am Meer und es ist nicht ganz einfach, den passenden Werbeträger zu finden. In der Praxis hat sich herausgestellt, dass Blogger nicht per *Instagram* direkt zu erreichen sind, sondern nur per E-Mail. Viele haben inzwischen Agenturen, die ihre Anfragen verwalten, und werden dermaßen mit Geschenken überschüttet, dass sie gar nicht alle Samples veröffentlichen können. Deshalb gilt es zuerst abzuklären, ob das Produkt dem gewünschten Blogger auch gefällt, statt auf gut Glück Geschenke zu versenden.

Konzentriert euch außerdem auf kleinere Blogger, sie freuen sich oft über die Kooperationen und berichten gerne über euer Start-up ohne große Gegenleistung.

42 AD DAY

Anzeigen schalten

Ob ein Bild, das auf *Instagram* gepostet wird, auch von Followern gesehen wird, entscheidet ein Algorithmus, der zum Leidwesen der Blogger ständig aktualisiert wird. Die Sichtbarkeit der Bilder ist ihr Kapital – sinkt oder verschwindet sie, sind die vielen Millionen Follower nichts mehr wert. Instagram zwingt seine User damit zu bezahltem Content.

Da *Instagram* zu *Facebook* gehört und der Kunde bei *Facebook* pro Klick bezahlt, ist das auch bei *Instagram* der Fall. Die veröffentlichten Bilder werden durch die Auswahl einer exakten Zielgruppe zusätzlich gepusht, bei DESIGN BUBBLES konzentrieren wir uns auf Frauen, die gerne dekorieren und Champagner lieben.

Das Schöne an diesen Anzeigen ist, dass man relativ genau sagen kann, ob sich die Werbung gelohnt hat oder nicht. Ich sehe, dass die Bestellungen nach einer bezahlten *Instagram*-Anzeige schnell nach oben gehen, und nun heißt die relevante Kennzahl *Customer-Lifetime-Value (CLV)*. Das ist der Wert, den ein Kunde in der ganzen Zeit, in der er bei uns kauft, also während seines „Kundenlebens", bei uns umsetzt, abzüglich der Kosten. Dank Instagram kann man relativ schnell einen guten *CLV* erreichen, da schon die erste Bestellung aufgrund der Zielgenauigkeit zu Gewinn führen kann.

CLV, der
[siː | ɛt | viː]

Der Begriff *Customer-Lifetime-Value* setzt sich aus zwei Teilen zusammen. Er besteht aus dem aktuellen Wert, den ein Kunde für ein Unternehmen darstellt, und aus dem potenziellen zukünftigen Kundenwert.

Zusammenfassend geht es also darum, durch eine gute Kundenpflege eine langfristige Kundenbeziehung zu erhalten.

43
MOVIE DAY

Marketingvideo drehen

Damit ein Start-up bekannt wird, ist viel Werbung unabdingbar. Zum Glück ist dies durch die heutigen sozialen Medien ein leichtes Unterfangen. Selbstinszenierung war nie einfacher.

Ein Video ist eine gute Möglichkeit der Unternehmensdarstellung, um den Kunden oder Followern einen möglichst realen Eindruck zu vermitteln. Ein Marketingvideo ist vor allem sinnvoll, wenn ein sehr persönlicher Eindruck vom Start-up gegeben werden soll. Dadurch bekommen die Zuschauer eine genauere Vorstellung von der Arbeitsweise, den Unternehmensstrukturen, der Produktentwicklung und den Personen, die hinter der Marke stehen. Ein Marketingvideo sollte spannend und mitreißend sein, jedoch nicht übertrieben und kein fake. Die Zuschauer müssen Lust bekommen, das Geschehen beim Start-up zu verfolgen und hautnah mitzuerleben. Authentizität und Sympathie sind hierbei die Zauberformel, um Menschen wirklich zu erreichen.

Mach dir keine Sorgen — dein Start-up ist so oder so cool. Du musst nur die Menschen da draußen dran teilhaben lassen!

DAS WICHTIGSTE: ES GEHT UM DIE STORY – NICHT UM DEN SALE! DU WILLST IM VIDEO GANZ KLAR DEINE UNTERNEHMENSSTORY VERKAUFEN, DAS PRODUKT IST ERST MAL ZWEITRANGIG.

Was du bei einem Video beachten solltest:

Länge
Das Video sollte auf keinen Fall länger als zwei Minuten sein.

Videomaterial
Moods als Überbrückung zu zeigen ist genauso wichtig wie das Filmen der Produkte, des Logos und verschiedenster Arbeitsschritte.

Personen
Ein oder zwei kurze Kommentare vom Gründer sind essenziell, um das Start-up auf einer persönlichen Ebene erleben zu können. And don't forget to smile!

Musik
Wähle eine passende Hintergrundmusik aus, denn sie beeinflusst sofort die Stimmung.

Sprache
Dreh das Video erstmals in deiner Muttersprache. Durch Untertitel und Voiceover können Videos auch international verwendet werden.

DIE ANOTHER DAY

Lieferanten finden

Um die perfekten Lieferanten zu finden, ist es nicht ausreichend, eine ausführliche Google-Recherche durchzuführen. Vielmehr müssen potenzielle Partner besucht werden, um sich einen Eindruck zu verschaffen. Erst wenn ein Vergleich möglich ist, kann ein Urteil über die Fähigkeit und Professionalität der Lieferanten gefällt werden.

Auch wenn die Produktionsstätten der Lieferanten einige Flugstunden entfernt liegen, lohnt es sich, ein Ticket zu buchen, um die Gegebenheiten vor Ort zu besichtigen. Schließlich steht man später auch dafür gerade, wenn Standards nicht eingehalten werden. Außerdem ist eine Einschätzung über die Einhaltung der Liefertermine wichtig. Sind die Kapazitäten für Großbestellungen überhaupt vorhanden?

> **SOLLTEN MEHRERE LIEFERANTEN INFRAGE KOMMEN, GILT ES, DEN STANDORT ABZUWÄGEN.**

Eventuell kann man eine Menge Speditionskosten einsparen. Generell ist es sehr praktisch, die wichtigen Lieferanten in der Nähe zu wissen.

Ist der Lieferant gefunden, sollte man ihm trotzdem nicht blind vertrauen.

Für einen besonders wichtigen Kunden wollten wir die Kerzen selbst bei unserem Lieferanten abholen, um Zeit zu sparen. Als wir dort ankamen, stand die Ware fertig verpackt auf dem Hof, bereit, eingeladen und verschickt zu werden. Es war bereits 23 Uhr und es regnete, die Motivation, eine ausführliche Warenkontrolle durchzuführen, war also überschaubar. Ich warf trotzdem einen Blick in den Karton, und wie sich herausstellen sollte, war das unser großes Glück. Die Oberflächen der Kerzen waren mit fast zwei Zentimeter großen Furchen durchzogen, mit dieser Lieferung hätten wir unseren Kunden garantiert für immer verloren. Wir bestanden auf eine sofortige Neuproduktion und harrten die halbe Nacht vor der Kerzenmanufaktur aus, um am nächsten Morgen in die Schweiz liefern zu können.

Mit Lieferanten gilt es, eine Beziehung aufzubauen, deshalb besuchen wir unsere Partner regelmäßig, ich bringe selbst gebackenen Kuchen mit und wir besprechen die wichtigsten Aufträge. Nur so kann man gemeinsam wachsen und Vertrauen aufbauen.

FAME DAY

It's all about you

Die Gründerpersönlichkeit wird automatisch mit dem Start-up assoziiert. Das Gesicht der Marke zu sein hat Vor- und Nachteile. Die meisten Gründer nutzen jedoch jede Chance, das eigene Unternehmen zu promoten.

> *Es ist ein gewöhnungsbedürftiges Gefühl, dass die eigentlich private Telefonnummer nun auf der Homepage, auf Flyern und jeder Visitenkarte steht. Man wird gewissermaßen zur öffentlichen Person.*

Damit sich das Publikum die Story des Gründers gut merken kann, ist es von Bedeutung, nur eine Persönlichkeit vorzustellen. Es ist zwar möglich, dass unterschiedliche Beweggründe zur Umsetzung des Start-ups geführt haben und sich der Gründer durch viele Besonderheiten auszeichnet, doch für die Presse muss die Ideenfindung (in Verbindung mit dem Gründer) in einem Satz zusammengefasst werden können. Hier einige Beispiele:

Monaco Duck – die Gründer *Carl* und *Julian* verbinden ihr Heimatgefühl mit exzellentem Schuhdesign, indem hochwertige italienische Loafer ausschließlich mit bayrischem Loden bezogen werden.

Sorbet Braclets – die Gründerin *Sophia* entwirft Freundschaftsarmbänder mit der Idee, immer mit den engsten Freunden verbunden zu sein.

Nicola Hahn Styling – die Gründerin *Nicola* verzaubert Ihre Kunden durch eine professionelle Beratung beim Thema Mode und lässt sie dadurch mit neuem Selbstbewusstsein erstrahlen.

DESIGN BUBBLES – die Gründerin *Katharina* beschenkte ihre beste Freundin mit einer Kerze, die aus einer Champagnerflasche entstand, die sie vorher gemeinsam getrunken hatten. Da wusste sie noch nicht, dass das der Anfang eines neuen Unternehmens werden sollte.

WIN THE DAY

Unternehmen positionieren

Zur Vorbereitung auf das Schreiben eines Businessplans wird eine *SWOT-Analyse* benötigt. Bei dieser strategischen Planung werden die

Strengths
Weaknesses
Opportunities
Threats

des Unternehmens herausgearbeitet.

Dazu kannst du dir unter *www.ariston-verlag.de/100days* die erforderliche Matrix downloaden und selbst ausfüllen. Die offensichtliche Verdeutlichung der verschiedenen Bereiche erleichtert die Positionierung des Unternehmens ungemein. Oft verändert sich eine Gegebenheit lediglich dadurch, dass man sie ausspricht oder aufschreibt.

STRENGTHS	**WEAKNESSES**
OPPORTUNITIES	**THREATS**

47 PLAN DAY

Businessplan schreiben

Ein Businessplan ist sozusagen der Fahrplan für die Gründung und maßgebend für den zukünftigen Unternehmensaufbau.

Die anfängliche Idee wird hierbei zu einem großen Konzept weiterentwickelt und komplett durchgespielt. Um die eigene Idee richtig beurteilen und die Erfolgschancen abwägen zu können, kann der Businessplan als Grundlage für einen Soll-Ist-Vergleich genutzt werden. Man braucht den Businessplan nicht nur als eigenen Fahrplan, sondern auch, um ihn Geschäftspartnern oder Investoren vorzulegen und diese im besten Fall vom Unternehmen zu überzeugen.

Der Businessplan kann grob in zwei Teile aufgeteilt werden: den Textteil und den Zahlenteil. Ein Beispiel einer genauen Ausformulierung dieser Teile kannst du unter *www.ariston-verlag.de/100days* ansehen und downloaden.

Dream.

Plan.

Do.

48 LOVIN' EACH DAY

LOVE
LOVE
LOVE
LOVE
LOVE
LOVE
LOVE

**YOUR
PRODUCT.**

**YOUR
PRODUCT.**

**YOUR
PRODUCT.**

POWER DAY 49

Kreativitätstechniken ausprobieren

Es ist eine wahre Kunst, ein bestehendes Produkt aus einem anderen Blickwinkel zu betrachten und neue Chancen zu entdecken. Dazu ist es hilfreich, sich mit Freunden zu einem *Think Tank* zusammenzusetzen und über aktuelle Problemstellungen und Möglichkeiten zu diskutieren. Das Treffen in einem kreativen Umfeld (auf dem Land, im Coffeeshop oder am See) fördert das *Out-of-the-box-thinking* und lässt verrückte Ideen zutage treten. Das Weiterdenken solcher Innovationen – z. B. in Form einer *Mindmap* – kann zu einzigartigen Ergebnissen und Lösungsvorschlägen führen, besonders, wenn sich die gesamte Gruppe mit der Entwicklung einer neuen Idee beschäftigt.

Ein gemeinsames *Brainstorming* in einer heterogenen Gruppe kann für ein Start-up von großer Bedeutung sein, oft muss die Anfangsidee völlig neu betrachtet oder um die Ecke gedacht werden, damit sich daraus ein lukratives Geschäftsmodell ergibt.

Brainwriting ist eine gute Alternative zum bekannten *Brainstorming*. Die Teilnehmer können hier in Ruhe ihre Gedanken notieren und frei assoziieren. Varianten des *Brainwriting* wie die *6-3-5-Methode* fördern die Entstehung einer hohen Zahl von Ideen.

Generell gilt bei der Ideenfindung anfangs: Quantität vor Qualität!

ZIEL IST ES, DAS PRODUKT AUS EINEM NEUEN POINT OF VIEW ZU BETRACHTEN UND CHANCEN ZU ENTDECKEN, DIE NICHT OFFENSICHTLICH WAREN.

Die *6-3-5-Methode* ist eine gern verwendete Kreativtechnik bei DESIGN BUBBBLES und funktioniert so: 6 Teilnehmer produzieren je 3 erste Ideen, geben das Blatt 5 Mal ihrem Nachbarn, der jeweils 3 daraus abgeleitete Ideen weiterentwickelt.

3 IDEEN

6 RUNDEN

NERD DAY 50

Den eigenen Onlineshop aufsetzen

Nun ist es so weit, du brauchst einen Onlineshop! Diese Aufgabe ist wahrscheinlich nicht an einem Tag zu bewältigen, aber es ist höchste Zeit, das Thema anzugehen.
Es gibt zahlreiche Möglichkeiten, online zu verkaufen, auch ohne einen eigenen Shop programmieren zu müssen. Die Produkte können beispielsweise über *Etsy* oder *Facebook* verkauft werden.

Mein Ziel ist es jedoch, eine Marke aufzubauen und da ist ein eigener Shop unerlässlich. Die gute Nachricht ist, dass es noch nie so einfach war wie heute, einen Onlineshop aufzusetzen, selbst ohne eine Programmiersprache zu beherrschen. Es gibt zahlreiche Anbieter, die das eigentliche Programmieren übernehmen, lediglich die Entscheidung für ein System und einen Look wird benötigt. Dann werden die Fotos per Drag-and-drop in das jeweilige Programm eingefügt.

Ich habe mich für *Shopify* entschieden und konnte selbst den gesamten Onlineshop installieren. Es gibt zahlreiche Agenturen, die das Erstellen der Homepage gerne übernehmen, allerdings für teilweise absurde Preise.

Solange kein verrückter Ansturm auf die Homepage erwartet wird, empfehle ich, den Shop selbst in Angriff zu nehmen und in die *Shopify*-Welt einzutauchen. Es gibt ein unendliches Angebot an Videos auf *YouTube*, die sämtliche Schritte erklären, um den Shop selbst zu erstellen.

Der Weg zu deiner Onlineboutique

- Entscheide dich für ein Shopsystem und anschließend ein Theme, sprich für einen Look deiner Homepage. Denke daran, dass dein Onlineshop aus rechtlichen Gründen in deiner Landessprache angeboten werden muss.
- Lerne die Basics mit *YouTube*.
- Nerde dich rein. Hier kannst du viel Geld sparen, also gib alles.
- Die günstigste Version von *Shopify* kostet 29 Euro im Monat und ist für den Start völlig ausreichend.
- Wenn du nicht weiterkommst, gibt es Unterstützung direkt von *Shopify*.
- Du kannst auch alle Arbeitsschritte an *Shopify* abgeben, vom Fotografieren deiner Produkte bis zum gesamten Shop.

50/100

GOLDEN DAYS

EIGHT-HOUR DAY

Deadlines setzen

Es gilt nicht für alle, aber ich persönlich arbeite auf jeden Fall schneller, effizienter und intelligenter, wenn eine Deadline naht.

Man kann (sich selbst und später auch dem Team) Deadlines auch künstlich setzen, um schneller voranzukommen. Zielsetzungen, die mit einer Deadline untermauert sind, sind der beste Weg, um ein erfolgreiches Unternehmen aufzubauen.

NOTHING MAKES YOU MORE PRODUCTIVE THAN THE LAST MINUTE!

*Gäbe es die letzte Minute nicht,
so würde niemals etwas fertig.*

Mark Twain

YOUR DAY 52

Belohne dich

Du hast hart an einem Projekt gearbeitet, dein Shop ist online und die Flyer im Druck?
Es ist Zeit, sich zu belohnen!

Das Kompliment, das du früher von deinem Chef bekommen hast, musst du dir jetzt selbst zusprechen. Nimm dir einen Tag frei, geh ein Eis essen oder kaufe dir ein Bild, das du dir schon lange wünschst.

> **KLEINE ERRUNGENSCHAFTEN GEBEN KLEINE BELOHNUNGEN, GROSSE MÜSSEN ENTSPRECHEND GROSS GEWÜRDIGT WERDEN.**

Auf meinen ersten geplanten Fernsehauftritt habe ich mich wochenlang vorbereitet, es war eine sehr nervenaufreibende Zeit und ich war überglücklich, alles gut über die Bühne gebracht zu haben. Ich habe mir zu diesem Anlass einen Ring gekauft, der mich nun jeden Tag an diesen einzigartigen Moment erinnert, der alleinige Anblick motiviert mich ungemein.

BUT FIRST:

YOU.

53
MAYDAY

Ordentlich arbeiten

Du musst nicht BWL studiert haben, um eine ordentliche Buchführung zu etablieren.

Ich rate dringend dazu, einen Steuerberater zu engagieren – außer du bist selbst einer. Das Themengebiet der Steuern ist dermaßen groß und komplex, dass ich es nicht als Option ansehe, dieses Themengebiet selbst zu verantworten. Spätestens wenn die Verkäufe auch ins Ausland gehen, ist der Steuerberater gut beschäftigt.

Ich habe das große Glück, einen ganz fantastischen Berater gefunden zu haben, ich muss mich um praktisch nichts kümmern und das ganze Büro dort fiebert mit dem Erfolgsweg von DESIGN BUBBLES mit.

Einnahmen

DATUM	#	RECHNUNGS-ADRESSE	GEGENSTAND	#produkt1	#produkt2

Ausgaben

DATUM	RECHNUNGS-STELLER	AUSGABE	KEY

Damit du deinem Steuerberater die Unterlagen deines Unternehmens jeden Monat ordentlich übergeben kannst, empfehle ich, die folgenden zwei Tabellen für alle Einnahmen und Ausgaben in *Excel* zu erstellen.

Du trägst hier alle Rechnungen ein, die du geschrieben oder bezahlt hast, und generierst automatisch einen super Überblick über deine Zahlen.

Ein guter Steuerberater ist sein Honorar mehr als wert. Er ermöglicht dir, dich auf den Aufbau deines Unternehmens zu konzentrieren, und stellt sicher, dass in deinem Start-up steuerlich alles korrekt verläuft – ein sehr beruhigendes Gefühl.

ETTO	UST.	BRUTTO	ZAHLUNG	WARENEINSATZ	DECKUNGS-BEITRAG

	UST.	BRUTTO	ZAHLUNG	KOSTEN

OH HAPPY DAY

Family-&-Friends-Tarife

Wie viel Rabatt bekommen Freunde?

Zunächst ist es eine schöne Geste, wenn alle Freunde, Bekannte, potenzielle Multiplikatoren und Geschäftspartner mit der Neuheit beschenkt werden. Diese Ausgaben sind nicht als Verlust, sondern als Investition zu sehen, im besten Fall freuen sich die Beschenkten und tragen die Idee weiter.

Da das Start-up kein Hobby ist, sondern eine Existenzgrundlage werden soll, kann natürlich nicht dauerhaft auf Einnahmen verzichtet werden – auch wenn die Kunden Freunde sind.

> **JEDER EURO UMSATZ ZÄHLT, DESHALB IST ES VON VORTEIL, NICHT ÜBERTRIEBEN RABATT ZU GEWÄHREN, SONDERN LIEBER EIN ZUSÄTZLICHES, KOSTENFREIES PRODUKT BEIZULEGEN.**

PS
Wenn du Freunde hast, die gerade ein Start-up gründen, unterstütze sie und erwirb ihre Produkte! Solch ein Support kann den Unterschied machen, ob ein Unternehmen den kräftezehrenden Anfang durchsteht.

(Danke, Peter, für die vielen Kerzen, die du schon in den ersten Tagen von DESIGN BUBBLES gekauft hast!)

JUDGEMENT DAY

Über Geld reden

Wie viel Geld benötige ich für ein Start-up wirklich?

Die finanzielle Hürde ist für die meisten Gründungsmotivierten der Grund, weshalb letztendlich doch nicht losgelegt wird. Doch wie viel Geld benötigt man für eine Gründung wirklich? Die Frage ist deshalb so schwer zu beantworten, weil sie stark von der Art des Start-ups abhängt. Möchtest du wie Elon Musk eine neue Automarke launchen, benötigst du natürlich mehr Kapital, als für ein T-Shirt-Start-up.

Um „einfach anzufangen", wird ein Gewerbeschein benötigt, der für unter 50 Euro beim Gewerbeamt zu beantragen ist. Dann können offiziell Rechnungen geschrieben werden.

> **FÜR DIE PRODUKTBESCHAFFUNG IST ES RATSAM, ZUNÄCHST KLEINE STÜCKZAHLEN ZU BESTELLEN, AUCH WENN DAFÜR KEIN GÜNSTIGER PREIS ANGEBOTEN WIRD.**

Es ist nicht entscheidend, wie gut oder schlecht die Marge, die du an den ersten Produkten verdienst, ist, viel wichtiger ist der Beweis, dass sich die Produkte tatsächlich verkaufen.

Bei der Gründung von DESIGN BUBBLES standen so viele Herausforderungen gleichzeitig an, dass die finanzielle Unsicherheit nur eine von vielen war.
Ich konzentrierte mich auf den Absatz der Kerzen, erst dann ging ich in die Produktion. So hatte ich keine Warenvorfinanzierung und keinen Warenüberschuss. Mit dem verdienten Geld konnten dann weitere Rohstoffe gekauft werden, Schritt für Schritt standen immer mehr Mittel zur Verfügung und aus den ersten Kerzen wurde ein kleines Unternehmen.

Es muss nicht alles über Nacht geschehen, berechne eine Anlaufzeit und fokussiere dich auf den Umsatz, nur er ermöglicht dir, zu reinvestieren.

56 PARTNER IN CRIME DAY

Anwalt suchen

Es ist im geschäftlichen Umfeld absolut üblich, einen Anwalt zu beschäftigen, der sich regelmäßig um Unklarheiten im Unternehmen und bei dessen Geschäftsbeziehungen kümmert.
Für einen Berufsanfänger kann es sehr einschüchternd wirken und es gilt, eine gewisse Hemmschwelle zu überschreiten, um einen Anwalt zu engagieren. Oft wird die Situation als nicht so gravierend gesehen, als dass gleich ein Anwalt zugeschaltet werden müsste, doch solch eine Fehleinschätzung kann fatale Folgen haben.

Es lohnt sich, einen guten Juristen an seiner Seite zu wissen. Meist ist es wesentlich kostspieliger, auf den Anwalt zu verzichten, als einen zu engagieren, da die große Rechnung dann später kommt.

> **SPRICH MIT DEINEM ANWALT ÜBER DIE KOSTEN, DIE AUF DICH ZUKOMMEN, UND VERSUCHE, EINEN FESTBETRAG ZU VERHANDELN.**

Meist sind die Probleme, die man als Nicht-Jurist sieht, nicht von so großer Bedeutung. Vor allem bei der Durchsicht von wichtigen Verträgen lohnt sich die Hilfe eines Profis.

Such dir einen Anwalt, dem du vertrauen kannst, und beginn die Zusammenarbeit mit kleineren Fällen. Vereinbare einen Festbetrag, damit du nicht von hohen Kosten überrascht wirst.

Investiere mutig in einen Anwalt, dieses Geld ist definitiv richtig investiert.

BUSY DAY 57

Künstlich limitieren

Nichts wirkt verlockender auf Kunden als eine limitierte Kollektion. Apple macht es vor, die iPhones sind so begrenzt, dass die Kunden sogar vor den Läden campen, um eines der begehrten Handys zu ergattern. Die künstliche Verknappung der Ware führt zu Konsumstress und damit im besten Fall zu einer erhöhten Begehrlichkeit des Produktes. Ein schwer erhältliches Produkt steigert die gefühlte Exklusivität. So absurd es ist, die Strategie der künstlichen Verknappung kann zu einer Imagesteigerung führen.

> **ÜBERLEGE, OB DEINE PRODUKTE UNBEGRENZT VERFÜGBAR SEIN SOLLEN ODER OB DU EINE LIMITIERTE KOLLEKTION AUF DEN MARKT BRINGST.**

Bei Start-ups ist es auch ohne künstliche Verknappung häufig der Fall, dass alle Produkte ausverkauft sind, da die erforderlichen Produktions- und Lagerkapazitäten noch nicht abgeschätzt werden können.

SOLD OUT!

POSITIVE DAY

Positives Denken

Kathi, woher weißt du, dass das klappt?
Ich weiß es nicht.
Aber ich bin bereit, es zu probieren.

Die schlechte Nachricht vorweg: Es gibt keine Erfolgsgarantie.
Es kann sein, dass das Unternehmen nicht durchstartet, es besteht die Möglichkeit, dass das Produkt floppt. Sich das als Gründer täglich vor Augen zu halten, ist wahrscheinlich keine besonders motivierende Idee. Vielmehr sollte durch positives Denken eine gute Grundstimmung geschaffen werden.

Viele Menschen sind nur bereit, für etwas zu arbeiten, wenn sie wissen, dass es sich lohnt. Ihnen fehlt das Vertrauen in das Produkt und die Fantasie, dass sich das Unternehmen zu etwas ganz Besonderem entwickeln kann.

Bei einem Start-up gibt es allerdings keine Sicherheit, sondern nur die Trial-and-error-Methode.
Bei größeren Investitionen fallen oft die Fragen:

Woher weißt du, dass das klappt?
Meinst du, das funktioniert?

Ich weiß es schlichtweg nicht. Niemand weiß es. Aber ich bin bereit, es zu probieren.

> ***Being positive in a negative situation is not naive. It's leadership.***
>
> **Ralph S. Marston jr. — „The Daily Motivator"**

ALL DAY EVERY DAY

Cashflow-Pläne erstellen

In einer Cashflow-Planung werden die Einnahmen den Ausgaben gegenübergestellt, um die Liquidität eines Unternehmens zu beurteilen.

Beispiel:

	Januar	Februar
UMSÄTZE	1.000 €	200 €
KOSTEN	-2.700 €	-500 €
CASHFLOW - (MONATLICH)	-1.700 €	-300 €
CASHFLOW - (KUMULIERT)	-1.700 €	-2.000 €

Die Einnahmen, sprich der Umsatz, bildet die Summe aller fakturierten Verkäufe in einem Zeitraum.
Die Ausgaben setzten sich beispielsweise aus den Produktionskosten, der Verpackung und Logistik, dem Vertrieb und Marketing, den Personal- und anderen Gemeinkosten zusammen.

März	April	Mai	Juni
700 €	800 €	2.000 €	1.000 €
-800 €	-600 €	-500 €	-300 €
-100 €	200 €	1.500 €	700 €
-2.100 €	-1.900 €	-400 €	300 €

HEAVY DAY 60

Scheitern akzeptieren

Bei Unternehmensneugründungen sind Chancen- und Risikopotenzial gleichermaßen extrem, wie die eher geringe Anzahl sehr erfolgreicher Neugründungen aus dem Meer von Start-ups belegt.

Die Angst, mit einem Start-up zu scheitern, ist daher ständig präsent, getrieben auch von einer meist sehr skeptischen Einstellung im direkten Umfeld des Gründers. Wenn dann auch die eigene Familie oder enge Freunde zu einem vergleichsweise sichereren Angestelltenverhältnis raten, steigt der Druck auf den Gründer.

Dabei ist das Scheitern ein sehr wichtiges Element auf der Suche nach Erfolg, es repräsentiert das objektive Feedback des Marktes auf die angebotene Lösung oder basiert auf falsch eingeschätzten Rahmenbedingungen der Umsetzung.

In unserer komplexen Welt stehen Ausprobieren und Experimentieren an erster Stelle, jedes Feedback bedeutet einen unschätzbaren Mehrwert für ein junges Unternehmen.

Wer versteht, dass Erfolge darauf beruhen, das Scheitern nicht nur zu akzeptieren, sondern als Lerneffekt zu nutzen, kann sich von der Warnung seines Umfelds vor dem Scheitern und dem damit verbundenen Druck distanzieren.

Scheitern sollte nicht als Katastrophe gelten, sondern als Möglichkeit der Weiterentwicklung und der Generierung neuer Chancen. Solange dieses Umdenken nicht stattfindet, wird auch in Zukunft keine mit den USA vergleichbare Start-up-Kultur in Deutschland entstehen. Im Silicon Valley ist ein Gründer, der schon einmal gescheitert ist, beliebter bei Investoren als einer, der noch nie gegründet hat.

> *Schau dir den TED Talk „Your body language may shape who you are" von Amy Cuddy an und lass dich nicht von Angst zurückhalten, sondern von Träumen tragen — „Fake it until you become it".*

THE DAY AFTER TOMORROW

Pakete verschicken

Die Pakete werden immer mehr und der Weg zur Post immer anstrengender? Es ist Zeit für einen Account bei einem Versanddienstleister, zum Beispiel im Geschäftskundenservice von *DHL*.

Die Preise im Geschäftskundenbereich sind wesentlich attraktiver, zusätzlich kommt täglich ein Abholservice für die Pakete. Heute kann jedes Start-up zu kleinsten Kosten die gleiche hocheffiziente Lieferlogistik bereitstellen wie große Konkurrenzunternehmen, eine Wahnsinnschance, die unbedingt genutzt werden muss.

Du kannst natürlich auch Angebote von anderen Versanddienstleistern einholen. Meiner Erfahrung nach werden Pakete, die mit *DHL* innerhalb von Deutschland versendet werden, fast immer am nächsten Werktag zugestellt, eine wirklich bemerkenswerte Leistung.

Was viele Kunden von Versanddienstleistern nicht wissen:

Der Inhalt des Paketes darf nicht zerbrechen, selbst wenn das Paket im freien Fall von einem Esstisch fällt. Die Ware muss also sehr gut verpackt werden.

Ist die Ware so schlecht verpackt, dass beim Versanddienstleister deshalb ein Schaden entsteht, besteht die Möglichkeit, dass die Pakete nicht mehr angenommen werden. Solltest du also Öl oder Wein versenden, achte auf eine doppelt gewellte Kartonage, um Brüche zu vermeiden.

DHL übernimmt Schäden bis zu 500 Euro.

Das Porto der Pakete wird entweder einzeln nach Gewicht berechnet oder optional mit einer Flatrate. Das bedeutet: Wenn deine Pakete relativ schwer sind (bis 31,5 Kilo), ist *DHL* höchstwahrscheinlich der richtige Ansprechpartner, da unabhängig vom Gewicht immer der gleiche Preis berechnet wird. Andere Versanddienstleister achten eher auf das Volumen.

Informier dich also ausführlich.

Stell dich gut mit deinem Postboten und denk an Trinkgeld zu Weihnachten. Der Job ist wahnsinnig anstrengend und da der Onlinehandel geradezu explodiert, gilt es, ein wenig Nachsicht walten zu lassen.

Ein befreundetes Unternehmen lädt den Postboten jeden Tag auf eine Fanta ein, die Päckchen werden immer als Erstes abgeholt und kommen heil beim Kunden an.

Es ist sinnlos, Aufkleber wie „Vorsicht Glas" auf den Paketen anzubringen, da die Abwicklung vollautomatisch abläuft und Roboter keine Aufkleber lesen.

DHL übernimmt übrigens auch die Verzollung in die Schweiz.

**IF THERE IS
NO WAY,
CREATE ONE.**

DAY-BY-DAY

Alltag strukturieren

Da der Tag – anders als in einem regulären Angestelltenverhältnis – keinen vorgegebenen Ablauf hat, sollten Gründer ihren Alltag klar strukturieren. Das oft gepriesene Homeoffice ist meist nur eine schöne Illusion, schon nach ein paar wenigen Tagen ist die ruhige, aber einsame Arbeitsatmosphäre meist eher Belastung als Bereicherung.

> **UM ZU VERMEIDEN, DASS NOCH AM NACHMITTAG DER SCHLAFANZUG GETRAGEN WIRD, IST EIN GEREGELTER ABLAUF NOTWENDIG, DER DIE ARBEIT ERLEICHTERT.**

Ein kurzes Treffen zum Mittagessen schafft einen Anreiz, das Haus zu verlassen, zu Hause Straßenschuhe zu tragen sorgt für einen Hauch Büroatmosphäre.

Wenn einem zu Hause die Decke auf den Kopf zu fallen droht, empfehle ich, die Arbeit in einem Coffeeshop mit guter WLAN-Verbindung zu verlegen, die Kosten von ein paar Getränken für einen derartigen Arbeitsplatz sind überschaubar. Später kann man sich in einen Coworking Space einmieten, in guter Großstadtlage kann man für etwa 400 Euro pro Monat dort einen Schreibtisch beziehen.

Leider ist auch in Coworking Spaces Platz Mangelware, Raum zur Entfaltung ist dort nicht wirklich geboten. Dafür können Kontakte zu anderen Start-ups geknüpft werden, was ein sehr angenehmer Nebeneffekt sein kann. Der Weg ins eigene Büro ist eine Herausforderung, doch auch in Großstädten gibt es kleine, bezahlbare Flächen zu mieten.

Das erste Büro von DESIGN BUBBLES war 30 Quadratmeter groß und hatte weder eine Heizung noch einen WLAN-Anschluss, es war ursprünglich ein Lager für Winterreifen. Im Winter arbeitete ich mit Mantel, Mütze und Schal, so lange, bis meine Finger zu kalt wurden, um zu tippen. Doch ich liebte dieses Office. Es bot mir Platz, meine Gedanken zu sortieren, mein Zuhause war ohne die vielen Kisten wieder bewohnbar und ich hatte das Gefühl, in einem richtigen Unternehmen zu arbeiten. Das Büro wurde weiß gestrichen, die Veröffentlichungen gerahmt und aufgehängt und eine Vielzahl an Kerzen verschönerten die Atmosphäre.

> *Make your home & your office the most beautiful place in the world.*

63 DAY LIGHT

Becoming CEO

Für die Gründung einer *GmbH* benötigst du ein Stammkapital von 25.000 Euro. Dieses zahlst du auf dein Geschäftskonto ein und nutzt das Geld anschließend dafür, deine Rechnungen zu bezahlen. Wenn du dein Konto überziehst, bist du insolvent – so weit die Theorie.

Ich bin kein Jurist und rate für die folgenden Schritte, dich von einem Anwalt beraten zu lassen. Du benötigst eine sogenannte Satzung für deine *GmbH*, in der du zum Beispiel die unterschiedlichen Anteile der Gründer festhältst. Da ich alleinige Gründerin bin, war das bei mir recht unkompliziert. Du solltest bei einer einfachen *GmbH*-Gründung mit etwa 1.000 Euro Notarkosten rechnen.

Nach der Eintragung ins Handelsregister wirst du zahlreiche Fake-Rechnungen von Betrügern erhalten, sie fordern die Eintragung in unseriöse Verzeichnisse – hier ist Vorsicht geboten. Mit der *GmbH* habe ich auch einen Titel bekommen, ich war damit offiziell Geschäftsführerin eines richtigen Unternehmens. Einfach unglaublich! Zudem war ich nun abgesichert, denn wie der Name schon sagt, war mein Start-up ab diesem Zeitpunkt ein Unternehmen mit beschränkter (und nicht mit persönlicher) Haftung.

GRL
PWR

BE YOUR OWN HERO DAY

Vortrag halten

Schon ein paar Wochen nach der Gründung von DESIGN BUBBLES lud mich mein ehemaliger Professor ein, an der Universität Passau einen kleinen Vortrag zu halten. Dies erschien mir als viel zu früh (ich hatte gerade einmal ein paar Kerzen verkauft), zwang mich aber, über die letzten Wochen zu reflektieren, sie in einer Präsentation niederzuschreiben und auf den Punkt zusammenzufassen.
Das Ziel des Vortrags war schnell klar: Ich hatte so eine steile Lernkurve und einen faszinierenden Job mit meinem Start-up gefunden, dass ich andere (vor allem junge Frauen, die sich oft nicht trauen) motivieren möchte, auch ein Unternehmen zu gründen.

Also hielt ich einen sehr persönlichen Vortrag, genau wie ich jetzt auch ein persönliches Buch schreibe. Ich wollte einen Blick hinter die Kulissen gewähren und ehrlich erzählen, was gut lief, wo ich an meine Grenzen stieß – und was ich daraus schlussfolgere.

> **MOTIVATION IST DIE GRUNDLAGE MEINES UNTERNEHMENS, MEINER MEINUNG NACH MACHT SIE ALLES MÖGLICH UND IST HOCHGRADIG ANSTECKEND.**

Die erste Rede lief gut und mir haben zahlreiche junge Studentinnen geschrieben, dass ich sie dazu gebracht hätte, auch über ein Start-up nachzudenken. Außerdem wurde ich seitdem öfter für Vorträge gebucht, um die Story von DESIGN BUBBLES zu teilen. Selbst im Soho House in Berlin und bei der *She's Mercedes*-Reihe durfte ich einige Vorträge vor sehr inspirierenden Frauen halten.

Doch es sollte noch anspruchsvoller werden.
Ich saß im Publikum bei einer Gründerveranstaltung und wartete auf meinen Auftritt. Ich war bereit, andere mit meiner Motivation anzustecken, und leuchtete geradezu vor Begeisterung über mein junges Unternehmen. Etwa fünf Minuten bevor ich aufgerufen wurde, checkte ich noch ein letztes Mal meine E-Mails, und da stand es schwarz auf weiß: Mein Großkunde, den ich seit einem halben Jahr beraten hatte, schrieb mir, dass er sich leider gegen die 1.000 Kerzen von DESIGN BUBBLES und für ein anderes Produkt entschieden hätte.

Es brach eine kleine Welt zusammen, schließlich hatte ich große Hoffnungen auf diesen Auftrag gesetzt, er hätte DESIGN BUBBLES neue Skaleneffekte ermöglicht.

Es war die schwerste Präsentation, die ich je halten musste, doch ich habe viel dabei gelernt. Absagen wie solche werden mir weder den Spaß noch die Motivation nehmen, die **coolste Candle Company der Welt** aufzubauen.

Was ich gelernt habe? Die eigentliche Kunst ist es, eine Motivationsrede zu halten, wenn man selbst gerade eine Niederlage erlitten hat.

Nach dem Vortrag gab es ein asiatisches Buffet und ich öffnete einen Glückskeks, darin stand: „No one can stop you". Dieser Zettel hängt jetzt in meinem Büro.

NO ONE CAN STOP YOU
NO **ONE** CAN STOP YOU
NO ONE **CAN** STOP YOU
NO ONE CAN **STOP** YOU
NO ONE CAN STOP **YOU**

POP-UP-DAY

Pop-up-Store eröffnen

Jetzt wird's ernst! Du gehst in Produktion, die Sales haben begonnen, die ersten Meilensteine sind geschafft und nun gilt es, dein Start-up bekannt zu machen. Eine sehr moderne und effiziente Möglichkeit zur Promotion eines jungen Unternehmens sind Pop-up-Stores. Sie können völlig frei gestaltet werden, der Kreativität sind keine Grenzen gesetzt und die Aufmerksamkeit der Medien ist meist größer als bei Anzeigen.

Ein Pop-up-Store ist ein Ladenkonzept auf begrenzte Zeit, das können zwei Tage oder zwei Jahre sein. Diese Art von Shop ist bei Kunden sehr beliebt, da sie oft hübscher gestaltet sind als herkömmliche Läden.
Kurz nach der Gründung von DESIGN BUBBLES wurde die Presse angeschrieben und zur Eröffnungsfeier eines kleinen Pop-up-Stores eingeladen. Der Store war zwar kein wirklicher Store, aber das konnte man auf der Einladung nicht erkennen.

In der Münchner Innenstadt wurde ein wunderschöner weißer Marktwagen aus Metall mit Baldachin platziert. Übersät mit Blumen und Kerzen ergab es ein sehr hochwertiges und ansprechendes Bild. Kalter Champagner, frische Erdbeeren und süße Donuts, die mit dem DESIGN BUBBLES-Logo verziert wurden, sorgten für ein originelles und schickes Event. Und tatsächlich – es kamen ein paar Gäste!

AUSSERDEM IST ES VERLOCKEND, IN KOOPERATION MIT EINEM ANDEREN UNTERNEHMEN SOLCHE AKTIONEN ZU STARTEN: DAS KANN WUNDERBARE SYNERGIEN HERVORRUFEN.

Um ehrlich zu sein kamen – außer meinen fantastischen Freunden, die wirklich immer dabei sind – nur fünf Gäste. Aber diese fünf waren Redakteure, und zwar von *InStyle, Süddeutsche Zeitung, Cosmopolitan, Stylight* und *Grazia*. Nachdem sie alle über DESGIN BUBBLES in den verschiedensten Formaten berichtet hatten, kam das Ganze ins Rollen.

Ein Pop-up-Store ist nicht ein Verkaufstool, sondern ein einfallsreiches Marketingelement. Er muss nicht unbedingt in einem Laden eröffnet werden, sondern kann tatsächlich überall Platz finden (obwohl ich im Winter fast erfroren wäre mit meinen Outdoor-Sales-Aktionen). Flächen von ihrem eigentlichen Zweck zu entfremden ist ein Megatrend, Gäste können fast überallhin eingeladen werden. Besonders cool ist es auch, ein Zimmer in einem angesagten Hotel zu mieten, das Auto zum rollenden Verkaufswagen umzubauen oder direkt im Lager ein elegantes Dinner zu servieren.

Der erste Pop-up-Store ist unglaublich aufregend, du wirst aber auch zum ersten Mal mit Kunden in Kontakt kommen, die dein Unternehmen vielleicht schon aus den sozialen Medien kennen. Das ist unglaublich bereichernd und einfach nur schön zu sehen.

66 HOLIDAY

Urlaub nehmen

Wann ist der richtige Zeitpunkt, um in den Urlaub zu fahren, wenn man gerade ein Start-up aufbaut? Richtig. Nie.

Deshalb muss man einfach fahren. Um das sofort in die Tat umzusetzen, ist die

Task for today:

> **Urlaub buchen!**

Ich habe in den ersten Monaten ohne Pause und Rücksicht auf mich selbst gearbeitet, ich stand fast sechs Wochen am Stück auf den unterschiedlichsten Messen in Europa, habe nachts den Stand ab- und am nächsten Tag in einer anderen Stadt wieder aufgebaut – bis ich hinter meinem Roll-up saß und vor Erschöpfung kaum noch aufstehen konnte.

AUCH WENN MAN DAS GEFÜHL HAT, DASS MAN ZU BEGINN EINES START-UPS BESONDERS VIEL ZEIT INVESTIEREN MUSS, IST DAS ARBEITSLEBEN KEIN SPRINT, SONDERN EIN MARATHON.

Um diesen Arbeitsmarathon durchzuhalten, sind Pausen notwendig. Da DESIGN BUBBLES saisonal bedingt in der Weihnachtszeit sehr viele Aufträge abzuarbeiten hat, kann ich von Oktober bis Dezember nicht verreisen. Deshalb fahre ich vor und nach dieser Zeit ein paar Tage in den Süden, am liebsten in die Toskana.

Analysiere den Jahresrhythmus deines Unternehmens und seiner Produkte und plan deine freien Tage, damit du die spannendste Phase deines Lebens in vollen Zügen genießen kannst. Halt die geplanten freien Tage dann auch ein!

67 ONE DAY

Gesamtbild betrachten

Ob ein Unternehmen Erfolg haben wird, wird sich nicht auf der nächsten Messe oder beim nächsten Kunden entscheiden. Immer wieder wurde ich gefragt:

> *Hat sich die Messe gelohnt?*
> *Habt ihr etwas verkauft?*

In meinen Augen sind das die völlig falschen Fragen.

Natürlich ist es schön, wenn Umsatz generiert werden konnte. Die Messe oder das Event ist aber keinesfalls verloren, wenn die Kosten nicht sofort wieder reingeholt werden.

Um eine Marke aufzubauen – und das tun wir hier –, müssen unendlich viele PR-Aktionen organisiert werden.

Jeder Besucher, der von deiner Marke erfährt, ist etwas wert und steht für potenziellen Umsatz. Er bestellt vielleicht nicht direkt, erzählt es aber seiner Freundin und deren Mutter bestellt dann ein halbes Jahr später unzählige Kerzen.

Diese Bestellung kann höchstwahrscheinlich nicht auf die eigentlich als erfolglos deklarierte Messe zurückverfolgt werden, weshalb nicht jeder Tag einzeln bewertet werden sollte. Konzentriere dich auf das Endziel und lass dich nicht unterkriegen, sondern vertrau auf dein Gefühl und halte durch.

Mein Ziel ist es, die **coolste Candle Company der Welt** aufzubauen.

68 BETTER DAYS ARE COMING

Apropos durchhalten

Die meisten Start-ups halten nicht durch. Das ist erst einmal die schlechte Nachricht. Eventuell haben sie kurz vor ihrem Durchbruch aufgegeben, wir werden es nicht erfahren. Fakt ist: Nur diejenigen, die durchhalten, haben eine Chance auf Erfolg.

Es wird Tage geben, an denen du das Gefühl hast, es macht alles keinen Sinn. Du wirst schlecht schlafen, die Sorgen werden größer und du hast nicht die geringste Ahnung, wie du das aktuelle Problem lösen sollst. Als die ersten größeren Aufträge eingingen, überlegte ich den ganzen Tag, wie ich sie ausführen könnte, nachts träumte ich schon von der nächsten Verhandlung. Hinzu kommt noch, dass man von seinem Umfeld immer wieder gefragt wird, wie es denn laufe, ob die Umsätze stabil seien.

Stabil?! Es ist ein Start-up!

Manchmal werden die ganze Nacht Pakete gepackt, und dann kommt tagelang kein Auftrag. Von Stabilität kann nicht die Rede sein. Und das ist völlig normal.

Meine persönliche Lieblingsfrage ist folgende:

> „Machst du jetzt eigentlich noch einen Master?"
> „Nein, ein Master bringt mich hier gerade keinen Schritt voran. Aber ... kennst du vielleicht den Chefeinkäufer von Bloomingdale's?"

Ich habe nicht vor aufzugeben, es ist schlicht keine Option! Nur weil viele sich nicht vorstellen können, dass DESIGN BUBBLES bald in jedem modernen Haus steht, mache ich noch längst keinen Master.
Ihr versteht, was ich sagen möchte:

DURCHHALTEN HAT OBERSTE PRIORITÄT.

Dazu musst du höchstwahrscheinlich genau wie ich einen akribischen Sparplan verfolgen, auf unnötigen Luxus verzichten und jeden Euro wieder investieren.

INVEST DAY 69

Richtig investieren

Nach jedem größeren Deal ist der Blick auf das Geschäftskonto eine Riesenfreude. Es macht sich sofort das Gefühl breit, nie wieder weniger besitzen zu wollen, schließlich hat man hart dafür gearbeitet. Leider ist das die völlig falsche Herangehensweise. Ein guter Gründer weiß Geld richtig zu investieren, die besten unter ihnen investieren meist jeden verfügbaren Euro.

In dem Podcast „How I built this" des Gründerpaares *Gordon* und *Carole Segal* erzählen sie die Erfolgsgeschichte des Dekounternehmens *Crate and Barrel*. Der erste Laden wurde 1962 eröffnet, inzwischen hat das Unternehmen über 100 Shops und 22 Millionen Kunden jährlich vorzuweisen. Das Interessante an dieser Geschichte ist die Tatsache, dass immer alles bisher Erreichte riskiert werden musste, um den nächsten Schritt zu gehen, sprich um das nächste Geschäft zu eröffnen.

> *Wer riskiert 10 Shops, um die nächsten 100 zu eröffnen?*
> *Ein echter Macher.*

Wenn ein Unternehmen aus dem Nichts aufgebaut wird, fehlt es zunächst an allem. Schritt für Schritt muss nicht nur in Ware investiert

> **ES GEHÖRT SEHR VIEL MUT DAZU, EIN GUTER UND ERFOLGREICHER GRÜNDER ZU SEIN. BESONDERS DAS INVESTIEREN VON GELD IST EINE HOHE KUNST UND SOLLTE GUT ÜBERLEGT WERDEN.**

werden, sondern auch in Büromöbel, Laptops und Autos, je nach Priorität für den Unternehmenserfolg.

Wir sind oft zu fünft mit einem alten Kleinwagen auf Events gefahren, das Auto war so voll bepackt, dass meist einer die Sackkarre auf dem Schoß halten musste. Es war offensichtlich, dass wir ein größeres Auto brauchten, und wir investierten deshalb nach einem erfolgreichen Jahr in einen Acht-Sitzer. Jetzt können wir im Team gemeinsam und mit unserem Messestand quer durch Europa auf Messen fahren und um Aufträge kämpfen.

> *Natürlich war ich stolz wie Oskar, als wir ein fast zwei Meter langes DESIGN BUBBLES-Logo auf dem Auto aufgeklebt haben.*

Nur wer immer wieder investiert, kann langfristig ein Unternehmen aufbauen. Verdientes Geld dient lediglich dem Zweck, wieder investieren zu können. Jeder Selbstständige hadert mit diesen Entscheidungen, es erfordert viel Mut, das Geld wieder in das Unternehmen zu stecken. Doch wie so oft im Leben wird Courage meistens belohnt!

A DECISION A DAY
KEEPS THE DOCTOR AWAY

Logistik abgeben — oder doch nicht?

Sobald die Bestellungen überhandnehmen und das Einpacken einen Großteil des Tages füllt, kann es sinnvoll sein, die Logistik abzugeben.

Hochprofessionelle Logistikzentren organisieren von mehreren E-Commerce-Plattformen die Lagerung und den Versand. Vor allem Start-ups profitieren extrem von diesem Service, da sich die Gründer wieder auf ihre wesentlichen Aufgaben konzentrieren können. Doch die Logistik zu delegieren birgt auch Gefahren. Besonders kritisch ist die fehlende Qualitätskontrolle, schließlich kann kein prüfender Blick auf die Ware geworfen werden, bevor sie das Lager final verlässt. In einer Großstadt wie München ist es eine besondere Herausforderung, günstige Geschäftsräume für diese Arbeit zu finden, preiswerte Hallen für die Abwicklung der Logistik zu mieten, ist geradezu unmöglich.

Bei der Entscheidungsfindung für DESIGN BUBBLES habe ich mehrere Verträge von Logistikanbietern verglichen, pro Paket ist mit externen Personalkosten von 2 bis 4 Euro zu rechnen. Hinzu kommen Fixkosten für die Prüfung der Ware auf Mängel, Miete für die Stellplätze der Paletten und die Kosten der Systemwartung. Für diesen Betrag lohnt es sich fast, eigene Mitarbeiter zu schulen und einzustellen.

Final fiel die Entscheidung, die Logistik weiterhin selbst durchzuführen, die Gefahr des Qualitätsverlustes war zu hoch. Müsste der Champagner nicht perfekt gekühlt werden und wären die Kerzen nicht so empfindlich, wäre die Entscheidung vielleicht anders ausgefallen.

BEI EINEM UNKOMPLIZIERTEN PRODUKT KANN DAS OUTSOURCEN DER LOGISTIK EINE TOLLE CHANCE SEIN.

71
MOTIVATION DAY

" **You are already naked.**

**There is no reason
not to follow your heart.**

Steve Jobs

TODAY IS THE DAY

Mitdenken

Always
Always
Always
have your product with you.

Natürlich kann ein Start-up, das Kühlschränke verkauft, nicht immer einen dabeihaben. Doch zumindest eine Visitenkarte, einen Flyer, irgendetwas, das die Message des Unternehmens zusammenfasst, sollte zu jederzeit greifbar sein.

Schon so oft lernte ich unerwartet neue Leute kennen, denen ich am liebsten sofort eine Kerze gezeigt hätte. Zumal unsere Kerzen nicht nur schön anzusehen sind, sondern besonders durch die haptische Beschaffenheit und den Duft bestechen. Eine Kerze ist ein Produkt zum Anfassen. Auch der fast ein Kilogramm schwere Ballast hält mich nicht davon ab, immer eine Kerze in meiner Handtasche zu tragen – und jetzt kommt noch ein Buch hinzu.

GOOD
THINGS
COME TO
THOSE WHO

== *HUSTLE* ==

QUEEN FOR A DAY

Respekt verschaffen

Ich habe DESIGN BUBBLES als 23-jährige gegründet. Dass damals niemand wirklich ernst genommen hat, dass ich ab sofort ein Candle Business hochziehe, muss ich wahrscheinlich nicht weiter erklären.

Doch selbst bei geschäftlichen Terminen fehlte mir gegenüber oft der Respekt: Mir wurde gesagt, dass ich meinem Vater noch mal gut zureden soll, damit ich neue Verpackungen bestellen darf, der Autoverkäufer hat nach der Erlaubnis meiner Eltern gefragt, auf Events wird man mit „Mädl" angesprochen und selbst die Notarin hat mich bei meiner GmbH-Gründung geduzt.

Ich bin mir sicher, dass viele es nicht böse meinen, aber es ist auf jeden Fall eine Herausforderung, sich als junge Frau bei Besprechungen Respekt zu verschaffen. Noch schlimmer trifft es oft meine Kolleginnen oder Praktikantinnen: Wenn ich schon nicht respektiert werde, gibt man ihnen teilweise nicht einmal die Hand!

Nun sind ein paar Jahre vergangen und ich stelle überhaupt keine Veränderung fest. Erst gestern wurde ich auf einer Ausstellung gefragt, ob ich auch über die Preise Bescheid wüsste oder ob man mir diese nicht kommuniziert hätte …

Während ich dieses Kapitel schreibe, steigt eine solche Wut in mir auf, deshalb:
Ladies, come prepared!

Dress up!
Start-up hin oder her, bei wichtigen Terminen solltet ihr auf Sneaker verzichten und professionell auftreten. Kleidung verschafft euch Respekt, also legt Wert auf *power dressing*.

Let the handshake game begin.
Begrüßt euer Gegenüber mit einem festen und bestimmten Händedruck.

Speak up.
Niemals die Ruhe verlieren und stets schlagfertig, aber freundlich antworten. Wenn die Situation unter die Gürtellinie rutscht, ist es Zeit, das Gespräch zu unterbrechen und höflich um einen anderen Ton zu bitten.

And action!
Mit einer selbstbewussten Körperhaltung wird man ernst genommen und sticht aus der Masse heraus. Also Kopf hoch, Schultern nach hinten und los geht's!

WHO RUNS THE WORLD?

GIRLS

74 DECISION DAY

Entscheidungsfreudig werden

Es ist Zeit, viele Entscheidungen zu treffen. Jede einzelne scheint von enormer Relevanz und im Nachhinein nur schwer wieder revidierbar.

Guten Führungskräften sagt man Entscheidungsfreude nach, man gewöhnt sich wohl im Laufe der Karriere an die Gefahr der Fehlentscheidung und schließt daraus, dass eine Entscheidung oft nicht besser wird, wenn man unnötig lange darüber nachdenkt.

> *Die Kunst der richtigen Wahl hängt also teilweise davon ab, wie entscheidungsfreudig man ist.*

Mindestens genauso wichtig ist das Entscheidungstempo, oft muss noch während des Gesprächs entschieden werden, ob ein Deal akzeptiert wird oder nicht. Es ist in wichtigen Gesprächen unbezahlbar, dass die eigene Entscheidung ohne Rücksprache und Wartezeit sofort gültig ist.

*DECISIONS
DETERMINE
DESTINY*

75
LOSER DAY

Wettbewerber analysieren

An jedem Messeabend räumen wir den gesamten Stand leer, die Gefahr von Diebstählen und Plagiaten durch Wettbewerber ist zu groß.

An einem Morgen in Hamburg kam ich unerwartet früh zur Messe, es waren keine fünf Menschen auf dem Gelände. Schon aus der Ferne sah ich, wie ein Mann an unserem Stand wartete und die Ware begutachtete. Ich kam näher und ich erkannte ihn sofort, als er sich umdrehte. Es war unser größter Konkurrent, der sich am DESIGN BUBBLES-Stand aufhielt. Natürlich erkannte er auch mich sofort, fühlte sich ertappt und die Situation war schrecklich unangenehm.
Auf einer anderen Messe in Paris verschwanden (zum Glück am letzten Messetag) nicht nur die Kerzen, sondern gleich der Messestand inklusive aller Möbel. Wir sind mit einem komplett leeren Auto nach Hause gefahren.

ES WIRD MIT HARTEN BANDAGEN GEKÄMPFT, DER UMGANG MIT WETTBEWERBERN IST SEHR KOMPLEX.

Es gibt Konkurrenten, mit denen man einen sehr netten Umgang pflegt, es gibt Konkurrenten, die sich an keine Gesetze oder Vorschriften halten, und dann gibt es Konkurrenten, die einem die Möbel vom Stand tragen.

Die Wettbewerber von DESIGN BUBBLES haben dank unserer Lizenzen kein identisches Produkt, sondern versuchen sich an dem Verkauf von mit Wachs gefüllten abgeschnittenen Bier- und Weinflaschen ohne Etikett. Konkurrenten sind alle Unternehmen, die ein Produkt haben, das sich als Geschenk für die gleiche Zielgruppe eignet. Das müssen nicht nur Kerzen sein.

WATCH YOUR BACK.

75/100

DAY-TO-DAY

BEST DAY EVER

Der coolste Auftrag

Einmal im Jahr ist an allen Universitäten ein *Career Day*, bei dem sich Unternehmen vorstellen und um neue Praktikanten oder Mitarbeiter werben.
Ich präsentiere DESIGN BUBBLES immer an der Hochschule *AMD (Akademie Mode & Design)* in München und hatte ein sehr nettes Unternehmen, das neben mir ausstellte: *Escada*. Wir kamen ins Gespräch und der Head of Marketing verliebte sich in unsere Kerzen.

Schnell war die Idee entstanden, die Candles zu personalisieren. Somit druckten wir eigene Etiketten, auf denen nicht mehr das Champagnerlogo, sondern **Escada X DESIGN BUBBLES** stand. Auch die Geschenkverpackungen wurden mit Aufklebern ausgestattet, deren Goldfolie mit den Kerzen um die Wette funkelte.

Escada beschenkte weltweit seine Topkunden mit unseren Kerzen und, wie mir gesagt wurde, das ganze Office duftet herrlich nach Pfingstrosen!

YOUR TIME TO SHINE

GIRL POWER DAY

Nein sagen

Erfolg entsteht auch durch Neinsagen.

Nein sagen ist extrem schwierig. Und extrem nützlich. Das erste Mal, als ich wirklich Nein sagen musste, habe ich so gezittert, dass ich kaum einen Stift halten konnte. Nur einige Wochen nach der Gründung wollte ein wichtiger Kunde einige Hundert Kerzen abnehmen, um diese in Flash Sales weiterzuverkaufen. DESIGN BUBBLES wäre dann mit einem Rabatt von bis zu 50 Prozent angeboten worden. Dies wäre eine große Chance gewesen, relativ früh sehr viele Kerzen zu verkaufen.
Gleichzeitig war es eine Gefahr für das Unternehmen, denn werden die Kunden nach dieser Rabattaktion jemals wieder den regulären Preis bezahlen?

Mein Bauchgefühl sagte mir sehr deutlich, dass es keine gute Idee ist, denn mein Ziel war größer, als nur kurzfristig einen guten Umsatz zu machen. Wir werden die **coolste Candle Company der Welt** – und deshalb sagte ich ab.

„NEIN" IST EIN SEHR MÄCHTIGES WORT, SETZE ES FÜR DICH EIN!

**UM AUS SHAKESPEAR'S *HAMLET*,
AKT II, SZENE IV, VERS 48
ZU ZITIEREN:**

„NEIN!"

78
FLY HIGH DAY

Elevator Pitch

Solltest du zufällig mit einem potenziellen Investor im Erdgeschoss in den Aufzug einsteigen und bis in den 80. Stock fahren, musst du ihm in diesen etwa 60 Sekunden erzählen können, warum er genau in dein Unternehmen investieren soll.

Du fährst nicht mit dem Aufzug? Lies trotzdem weiter.

Wenn du dir einmal zurechtgelegt hast, was du in dieser Minute sagen möchtest, kannst du ab sofort auf jeder Party und bei jedem neuen Kennenlernen dein Unternehmen von der Schokoladenseite präsentieren, ohne dein Gegenüber zu lange aufzuhalten.

Der Pitch sollte sich auf das Wesentliche beschränken und folgende Dinge enthalten:

Beschreibe dein Unternehmen in einem Satz.

Stelle dich selbst vor.

Nenne deine Kosten und deinen Umsatz.

Erzähle von der Marktgröße.

Erkläre, warum du voll im Trend liegst.

Pitche deinen Plan.

FLY HIGHER DAY

Pitch Deck

Wenn du die E-Mail-Adresse des Investors im Aufzug bekommen hast, solltest du ihm anschließend einen Pitch Deck senden.
Das ist eine Präsentation, die zehn bis zwölf Slides enthält und passend zu deinem Elevator Pitch die vier Ts erklärt:

Team
Traction
Total addressable market
Trend

Denk daran, dass Investoren sehr viele Präsentationen geschickt bekommen, gestalte deine deshalb so klar und professionell wie möglich.

LET HER
SLEEP

WHEN SHE
WAKES

SHE WILL
MOVE
MOUNTAINS

GIRLBOSS DAY

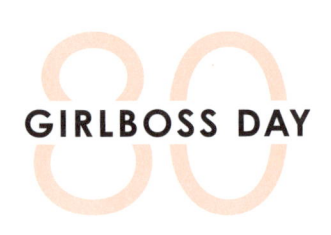

Vorbilder suchen

Vorbilder haben eine ganz wundervolle Funktion, denn sie motivieren ungemein. Sie sind der Beweis dafür, dass man Großes erreichen kann, und spornen an, es ihnen gleichzutun.

Hier verrate ich dir meine Vorbilder, die mich aus verschiedenen Gründen inspirieren:

Franziska von Hardenberg
gründete *Bloomy Days*, das Abo für Schnittblumen – mein Vorbild number one schon im Studium. Nicht nur, dass das Produkt einfach genial ist, das Unternehmen wurde mit so viel Liebe präsentiert, dass man die Blumen geradezu kauten musste. *Franziska* ist das Paradebeispiel einer Gründerin, die so viel Energie hat, dass selbst das Scheitern ihres Unternehmens sie nicht stoppen kann. Nur wenige Tage nach der Insolvenz bekam sie ein Baby und gründete außerdem sofort das nächste Unternehmen: *Holy Goldy*. Nun verkauft sie Ketten und Armbänder, die dank ihrer treuen Fans natürlich sofort ausverkauft waren.

Negin Mirsalehi

baute sich zunächst ein gigantisches Publikum auf und begeistert nun als Bloggerin über fünf Millionen Follower. Nebenbei gründete sie zusammen mit ihrem Freund das Beauty-Label *Gisou*. Unter dieser Marke werden hochwertige Haarprodukte wie Masken und Öle verkauft. Das Label ist dermaßen gut positioniert, dass es seinesgleichen in der Branche sucht. Von der Inneneinrichtung des Büros bis zur Verpackung ist alles perfekt aufeinander abgestimmt, es wurde quasi eine *Gisou* World erschaffen. Die Produkte sind relativ teuer und trotzdem so begehrenswert, dass viele junge Frauen alles kaufen, was *Gisou* auf den Markt bringt.

Kate Spade

gründete bereits 1993 das gleichnamige Unternehmen, das Handtaschen, Schmuck und Stationary mit bunten Drucken und Aufschriften verkauft. Sie hatte ebenfalls in einer Moderedaktion gearbeitet und begann, Handtaschen aus Bast zu designen und auf Messen zu verkaufen. Das Unternehmen wurde mehrmals verkauft und macht heutzutage über 1,2 Milliarden Euro Umsatz. Ich empfehle ihren Podcast „How I built this" für eine Extraportion Motivation.

SERIOUS DAY

Mahnungen schreiben

Die Prüfung des Zahlungseingangs sollte mindestens einmal im Monat erfolgen. Es muss überprüft werden, ob alle Kunden ihre Rechnungen bezahlt haben oder ob jemand in Verzug geraten ist. Das heißt, wenn 14 Tage nach Fälligkeit der Rechnung kein Zahlungseingang festgestellt werden konnte.

Ich notiere in meinen Tabellen immer den Zahlungseingang und reagiere im Zweifel mit einer Mahnung, die per Post versendet wird. Du hast viel Zeit und Geld investiert, um deine Kunden zu finden, du solltest sie nun nicht mit einer übertrieben energischen Reaktion für immer verschrecken. Eventuell wurde die Rechnung verloren oder es liegt ein Missverständnis vor. Deshalb ist meine erste Reaktion bei einem Zahlungsverzug eine E-Mail mit der höflichen Bitte um Bezahlung. Solltest du hier keine Reaktion feststellen können, musst du schriftlich mahnen. Auf eine erste Mahnung folgt eine zweite und eine dritte, dann übergebe ich an meine Anwältin.

NUR WENN DU DIE MAHNUNG BEWEISEN KANNST, KANNST DU SPÄTER PER ANWALT DIE BEZAHLUNG EINKLAGEN.

DESIGN BUBBLES

Design Bubbles GmbH
Tel. +XX (XXX) XXXX XXXX

www.designbubbles.de
info@designbubbles.de

<u>Design Bubbles GmbH, Straße XX , XXXXX München</u>

Max Mustermann
Berliner Straße 1
81679 München
Deutschland

Bank XXXXXXXX
Design Bubbles GmbH
IBAN: XXXX XXXX XXXX XXXX XXXX XX
BIC: XXXXXXXX
Ust.-ID XX XXX XXX XXX
Amtsgericht XXXX
Geschäftsführerin:
Katharina Baumann
Sitz der Gesellschaft Burghausen

1. Mahnung
Nr. 1234
Datum: 01.01.18

Sehr geehrte Damen und Herren,
die Rechnung vom xx.xx.xxxx war am xx.xx.xxxx zur Zahlung fällig.
Bislang konnten wir jedoch keinerlei Reaktion oder Zahlungseingang feststellen.

Bitte überweisen Sie den Betrag von xx Euro bis zum xx.xx.xxxx auf unser Konto.

Bei Rückfragen können Sie sich jederzeit an uns wenden.
Mit freundlichen Grüßen,
Katharina Baumann

AS PLAIN AS DAY

Rechtliche Vorschriften beachten

Kaum ein Produkt kommt ohne rechtliche Vorschriften aus, egal ob Haargummis oder Avocados verkauft werden sollen, es gilt einiges zu beachten.
In der Kosmetikindustrie geht es um die exakte Beschreibung der Inhaltsstoffe, bei Getränken um die Pfandvorschrift und speziell im Food-Bereich ist mit strengen Gesetzen zu rechnen.

> **DA MAN NACH EINER GEWISSEN ZEIT ALS UNTERNEHMEN AUTOMATISCH MITGLIED DER IHK (INDUSTRIE- UND HANDELS-KAMMER) WIRD, EMPFEHLE ICH, DIESE AUCH ZU NUTZEN.**

Es gibt kaum ein Anliegen, für das es dort keinen Experten gibt, sowohl im In- als auch im Ausland. Meist sind die rechtlichen Vorschriften weniger komplex, als ursprünglich erwartet.

Bei Kerzen kann sich das Gefäß stark erhitzen, sie dürfen nicht mit leicht entflammbaren Dingen in Berührung gebracht werden und Kinder dürfen sich nicht unbeaufsichtigt in der Nähe aufhalten. Deshalb werden auf der Unterseite der Verpackung entsprechende Kennzeichen in Form von Piktogrammen angebracht.

THE DAY WE MET

Weiterdenken

In der Theorie geht der Produktlebenszyklus von der Markteinführung eines Gutes bis zur Herausnahme aus dem Markt.
Der moderne Lifestyle mit seiner Schnelllebigkeit beeinflusst den Produktlebenszyklus maßgeblich, und das gilt es bei der Auswahl und Bekanntmachung von Produkten zu beachten. Die Geschwindigkeit, mit der User in den sozialen Medien Content verschlingen, prägt die Kunden gravierend. Mit enormem Aufwand werden Bilder erstellt und bearbeitet, obwohl sie dann nur 24 Stunden online sind. Dies ist die Versinnbildlichung der Wegwerfgesellschaft, und mit dieser Grundeinstellung treten Kunden (ich selbst inklusive) an den Produktlebenszyklus heran.

Ich wurde schon auf der Launch-Party einer neuen Candle Collection gefragt, was als Nächstes auf den Markt kommt. Da war die neue Kerze gerade einmal 5 Minuten bekannt. Nachdem wir es endlich geschafft hatten, den Bekanntheitsgrad von DESIGN BUBBLES zu erhöhen, winkten manche Kunden mit „kenne ich schon" ab.

Es ist ein sehr fragiles System und es ist essenziell für ein junges Unternehmen, darauf dynamisch zu reagieren und das anfängliche Produkt schnell zu entwickeln oder zu überdenken.

SCHÖNER ALS KATE SPADE KANN ES KEINER SAGEN: „STAY QUICK, CURIOUS, PLAYFUL AND STRONG."

Die Kollektion von DESIGN BUBBLES ließ sich spielerisch weiterentwickeln, schließlich gibt es nicht nur normale Champagnerflaschen, die zu Kerzen verwandelt werden können, sondern auch bildschöne Rosé-Champagner, die dann in durchsichtigem Glas abgefüllt werden. Da das Wachs weiß und durch das Glas hindurch zu sehen ist, gab es fortan weiße Kerzen mit roséfarbenen Etiketten – ein ganz neuer Stil und eine hübsche Entwicklung der ursprünglichen Idee.

Inzwischen beinhaltet das Sortiment zusätzlich Magnumkerzen, Candles mit extravaganten Metalletiketten und natürlich immer den passenden Champagner zur Kerze.

Denk bei der Veröffentlichung deiner Produkte schon einen Schritt voraus und behalte die Weiterentwicklung der Idee im Blick. Überleg dir eine Strategie, wie du die Ungeduld des Marktes managen kannst und deine Produkte somit für einen langen Zeitraum attraktiv für potenzielle Kunden bleiben.

CASUAL (FRI)DAY

Unternehmensphilosophie

Der Hype um Start-ups hängt zum großen Teil mit der gelebten Unternehmenskultur zusammen. Die herkömmliche Arbeitsweise der Konzerne ist für Mitarbeiter nicht mehr attraktiv, die Strukturen müssen aufgebrochen werden, um Kreativität und eine gesunde Work-Life-Balance zu fördern. Es wird in Start-ups nicht weniger gearbeitet, aber sicherlich effizienter, motivierter und zielorientierter. Viele junge Unternehmen pflegen eine Kultur des Vertrauens statt eine Kontrollkultur. Das ist möglich, weil sich die Mitarbeiter wesentlich stärker mit dem Start-up identifizieren, als es Angestellte traditioneller Unternehmen tun. Es spielt keine Rolle, ob in Pausen Tischtennis gespielt oder ein privater Anruf entgegengenommen wird, es zählt einzig und allein die Zielerreichung des Unternehmens.

DAS GRÜNDEN BRINGT DIE EINMALIGE CHANCE MIT SICH, EINE INDIVIDUELLE UNTERNEHMENSKULTUR ZU ENTWICKELN.

Welche Werte sind hoch angesehen?
Welche etablierten Strukturen sind hinfällig?
Wie ist die Hierarchie? Wie der Dresscode?
Wie geht man mit der Offenheit gegenüber Zahlen um?
Wie wird mit Mitarbeitern umgegangen, denen diese Arbeitsweise nicht liegt?

Ich konnte bei DESIGN BUBBLES feststellen, dass so manche Mitarbeiter, die in diesem Laisser-faire-Stil geführt werden, über sich hinauswachsen. Sie denken in ihrer Freizeit über Möglichkeiten für DESIGN BUBBLES nach und haben Spaß daran, sie scheuen keine Events an Wochenenden und gehen bei ihren Aufgaben fast immer die Extrameile. Gleichzeitig treffen wir uns auch außerhalb der Arbeit, feiern gemeinsam große Erfolge, brainstormen im Biergarten und in Coffeeshops. Wir lernen gegenseitig unsere Freunde kennen, zu meinem Geburtstag ist immer das ganze Team eingeladen, es entsteht eine Clique.

Für mich gibt es kein privates und berufliches „Ich", sondern nur eine Persönlichkeit. Ich kann auch im Büro ganz ich selbst sein und möchte das auch allen Mitarbeitern ermöglichen, denn die Vielfalt der Charaktere führt zu einer gesunden Unternehmenskultur. Ich bin absolut fasziniert davon, dass allein die Rahmenbedingungen eines Unternehmens solch eine Motivation hervorbringen kann.

> *Es ist mein Ziel, nur Mitarbeiter einzustellen, die von dieser Unternehmensphilosophie profitieren, denn ein motiviertes Team mit eigenständigen, freien Gedanken ist geradezu unstoppable.*

DAY WELL SPENT

Stay tuned

Inzwischen gibt es auch in Deutschland eine richtige Start-up-Szene. Es lohnt sich, auf dem Laufenden zu bleiben, denn viele Vorschriften, Tipps und Tricks können auch für dich hilfreich sein.

Abonniere dir (eventuell auch nur auf *Facebook*):

- **Gruenderszene.de**
- **Business Punk**
- **Edition F**
- **Deutsche-startups.de**

   Must read: *Lean In* von *Sheryl Sandberg*

Außerdem gibt es einige Events, die du dir nicht entgehen lassen solltest. Ganz oben auf meiner Liste steht die Veranstaltung *Bits & Pretzels* in München. Drei Tage lang treffen sich über 5.000 Gründer und Investoren (unter anderem auf dem Oktoberfest) und beratschlagen und brainstormen zusammen. Es gibt ein grandioses Angebot an Vorträgen auf einem sehr hohen Niveau und es ist wunderbar zu sehen, wie sich die auf diesem Festival geteilte Motivation noch vervielfacht.

THINK BIG

START SMALL

LEARN FAST

HIDE & SEEK DAY

Praktikanten suchen

B people hire C people, A people hire A+ people.

Ich würde mich als Perfektionistin bezeichnen, es fällt mir daher schwer, Aufgaben abzugeben.
Ich kann das Unternehmen aber auch nicht ganz allein aufbauen, es muss also Unterstützung her. Es war für mich eine riesige psychologische Hürde, die ersten Praktikanten einzustellen, und ich höre oft, dass es anderen Gründern genauso ergeht. An diesem Tag wird einem einfach klar, dass man nicht mehr nur für sich selbst, sondern auch für andere Verantwortung trägt.
Zu Beginn war ich hauptsächlich damit beschäftigt, Arbeit an meine Praktikanten zu verteilen, das änderte sich aber sehr schnell. Inzwischen habe ich ein Praktikantenhandbuch angelegt, in dem viele Arbeitsschritte und Passwörter hinterlegt sind.

DESIGN BUBBLES hat plötzlich eine ganz neue Dynamik bekommen, es konnte einfach doppelt so viel in gleicher Zeit erledigt werden, ich war begeistert! Zu Beginn war es nicht ganz einfach, den perfekten Match zu finden, man muss sich wirklich gut verstehen, um in so einem kleinen Team so viele Stunden miteinander zu verbringen.

ES IST NUN EIN OFFIZIELLER RAHMEN NOTWENDIG – MIT EINEM BÜRO SOWIE MIT STRUKTUREN UND AUFGABEN, DIE DELEGIERT WERDEN.

In dem Buch *Shoe Dog* von *Phil Knight* geht es um den Aufbau von Nike und um die Zusammenarbeit mit seinen ersten Mitarbeitern. Er hatte einen Kollegen, der *Nike* zu seinem Leben machte und voller Motivation an der Erfolgsstory mitarbeitete. Als ich das Buch las, dachte ich noch, dass ich wohl nie solche Mitarbeiter finden würde. Kurz darauf stand Julia bei mir in der Tür, ich hatte sie kontaktiert, weil sie ein wunderschönes Logo für eine Freundin entworfen hatte und ich mir ein ähnliches Design für DESIGN BUBBLES wünschte.

Aus dem Praktikum wurde eine Festanstellung und aus der Festanstellung eine Freundschaft.

Wir haben die schönste Zusammenarbeit, die ich mir wünschen könnte, und ich bin überglücklich, dass meine Motivation auf sie und damit auf alle anderen Mitarbeiter abfärbt.

WELCOME DAY

Personal einstellen

Praktikanten einzustellen ist seit der Einführung des Mindestlohns relativ komplex. Ab dem vierten Monat muss der Mindestlohn gezahlt werden, außer es ist ein von der Universität vorgeschriebenes Pflichtpraktikum. Das führt dazu, dass selbst große Firmen die Pflichtpraktikanten umwerben, um nicht den vorgeschriebenen Mindestlohn zahlen zu müssen.

Je nachdem, ob der potenzielle Mitarbeiter noch zusätzlich einer anderen Tätigkeit nachgeht, muss er als geringfügig Beschäftigter oder kurzfristig Beschäftigter eingestellt werden.
Ich empfehle hier, auf die Unterstützung des Steuerberaters zurückzugreifen, da sich die Rechtsprechung häufig ändert.

Unter *www.ariston-verlag.de/100days* kannst du ein Beispiel eines Standardarbeitsvertrags für geringfügig entlohnte Beschäftigte downloaden.

THE BIGGER THE **DREAM**, THE MORE **IMPORTANT** THE **TEAM**.

DREAM BIG DAY

Wachstumsschmerzen akzeptieren

Das Investieren wird erst richtig kompliziert, wenn sprungfixe Kosten anstehen, die das Unternehmen auf ein neues Level heben sollen. Wie der Name schon sagt, sind diese Kosten zunächst fix, sprich nicht kurzfristig zu revidieren. Für Wachstum sind solche Schritte unerlässlich, ohne dieses Risiko wird ein Start-up nie zu einem richtigen Unternehmen.

Vorerst kann meist von zu Hause aus gearbeitet werden, irgendwann wird der Platz zu eng, es gibt Produktionsvorschriften, die im Wohngebiet nicht eingehalten werden können, oder es müssen Kunden empfangen werden können. Das Beziehen eines Büros bringt oft die ersten sprungfixen Kosten mit sich, danach folgen das Einstellen von Mitarbeitern und die Umstellung der Just-in-time-Produktion auf Vorratsbeschaffung und -herstellung.

> **DIESE ENTSCHEIDUNGEN ERFORDERN EINEN MUTIGEN FÜHRUNGSSTIL, DER DIE SPRÜNGE ERMÖGLICHT UND UNTERSTÜTZT.**

Selten stehen Start-ups auf so stabiler Grundlage, dass die zukünftigen Einnahmen garantiert die Kosten decken. Wachstum ist immer mit einem Wagnis verbunden.

Mit der Zeit lernt man als Gründer sehr viel, denn es müssen verantwortungsvolle Entscheidungen gefällt werden, die das Risiko berücksichtigen und doch couragiert sind. Hier zeigt sich schnell, wer das Gründer-Gen in sich trägt und immer wieder unter dem Motto „mutig voran" durchdachte Grundlagen schafft.

Über die ersten sprungfixen Kosten bei DESIGN BUBBLES zu entscheiden, war ein Dilemma.

Ich wollte das Erschaffene nicht aufs Spiel setzen, musste aber definitiv investieren, um weiterzukommen (und im Homeoffice nicht verrückt zu werden).

Das erste Büro kostete 280 Euro im Monat, zur damaligen Zeit war das ein echtes Investment für mich. Das Risiko war mit einer Kündigungsfrist von drei Monaten überschaubar und deshalb traute ich mich. Gleiches Spiel ein paar Monate später mit dem Kauf des Minivans. Der Kleinwagen war bis zu einem gewissen Zeitpunkt ausreichend, inzwischen kann ich mich kaum erinnern, wie wir ohne den Acht-Sitzer klargekommen sind. Das Auto birgt aufgrund seines Wiederverkaufswerts ein überschaubares Risiko. Die Investments, über die entschieden werden musste, wurden immer größer, die Lernkurve war und ist sehr steil.

Durch die Vielzahl dieser Entscheidungen wächst das Unternehmen stetig. Sprungfixe Kosten sind eine echte Herausforderung, doch wenn sie richtig entschieden werden, schieben sie das Unternehmen ein ganzes Stück nach vorn.

KEINE ANGST VOR GROSSEN ZAHLEN.

Auf das Volumen an Bestellungen, das nach einem Fernsehauftritt folgt, war DESIGN BUBBLES nicht ausgerichtet. Deshalb mussten in der Vorbereitungsphase auf die Ausstrahlung mehrere sprungfixe Kosten auf einmal gestemmt werden. Das gesamte Unternehmen wurde neu aufgesetzt, die ursprünglichen Strukturen reichten nicht mehr aus. Mit der Optimierung des Onlineshops, der Einstellung neuer Mitarbeiter und dem Bezug eines 450 Quadratmeter großen Lagers wurde DESIGN BUBBLES auf ein neues Level gehoben. Dass diese Schritte irgendwann unternommen werden müssen, war klar, doch der Termin der Ausstrahlung zwang uns, schneller zu handeln, als wir es unter normalen Umständen geplant hätten.

MY DAY

Gründen ohne haptisches Produkt

Natürlich hat nicht jedes Unternehmen ein haptisches Produkt. Es kann ebenso mit einer App, einer Dienstleistung oder Online-Videokursen gegründet werden.

Dann wird kein *DHL*-Geschäftskundenkonto oder Packtisch benötigt, dafür gibt es andere Herausforderungen. Bei einer solchen Gründung ist die Skalierbarkeit von Vorteil, meist ist allein deshalb das Unternehmen bei Investoren sehr beliebt.

Besonders die Eigenvermarktung ohne zusätzliches Produkt ist eine Challenge, es scheint, als würde man eine zweite Persönlichkeit erschaffen, die es zu vermarkten gilt.
Bei einem Produkt können die einzelnen Aspekte wie zum Beispiel das Sojawachs erklärt werden. Als Gründerin eines Beauty Online Magazins muss ich in Gesprächen beweisen, dass ich selbst sehr talentiert und somit geeignet bin für den Job.

Joana Greimers — Gründerin von Nice Advice Beauty

DAY OFF

90

C H E A

T D A Y

CALL IT A DAY

Investor suchen

Fast jedes Unternehmen erreicht früher oder später einen Punkt, an dem Fremdkapital benötigt wird. Bei Start-ups ist das meist früh der Fall, da sämtliche Investitionen gleichzeitig anfallen und das mit dem klassischen *Bootstrapping* kaum zu bewältigen ist. Je nachdem, wie viel Kapital benötigt wird, ist es sinnvoll, einen Kredit aufzunehmen oder einen Investor zu integrieren. Zum Beispiel über die Förderbank KfW können Start-ups zu sehr fairen Konditionen Geld beziehen, zur Bewerbung dafür wird ein Businessplan (siehe Tag 47) benötigt.

Für einen Investor sind zwei Dinge wichtig:

> *Ist das Unternehmen profitabel oder hat es zumindest die realistische Chance, es zu werden?*
> *Ist sein Output skalierbar?*

Wenn das Start-up beide Fragen positiv beantworten kann, stehen die Chancen gut, einen Investor zu finden. Dieser bietet finanzielle Unterstützung, im Gegenzug bekommt er Anteile des Unternehmens. Daraus leitet sich auch die Bewertung eines Start-ups ab.

EIN INVESTOR AUS DER GLEICHEN BRANCHE KANN MIT GUTEN KONTAKTEN BEIM VERKAUF HELFEN ODER TÜREN BEI NEUEN LIEFERANTEN ÖFFNEN.

Beispiel:

Bietet ein Investor 200.000 Euro für 25 Prozent eines Unternehmens, dann wird das Unternehmen mit 800.000 Euro bewertet.

Ein Investor fordert im Gegenzug zu seiner Einlage normalerweise regelmäßige Reportings über Umsätze und Kosten. Alle Vereinbarungen können frei verhandelt werden, doch als Gründer sollte man sich sehr klar darüber sein, dass ein Investor große Veränderungen mit sich bringt. In der Realität ist es ein unromantischer Partner, da er nicht die Träume und Philosophie des Unternehmens teilt, sondern lediglich darauf aus ist, sein Geld zu vermehren. Das vereint sich oft schlecht mit den Ambitionen des Gründers, da selten eine rein monetäre Motivation hinter einem erfolgreichen Start-up steht.

Geld eines Investors zu beziehen ist besonders vorteilhaft, wenn sogenanntes Smart Money angeboten wird, sprich die Unterstützung begrenzt sich nicht auf finanzielle Mittel.

92 DAY CARE

Projektmanagementtool benutzen

Um die Flut an E-Mails zumindest innerhalb des Teams auf ein Minimum zu reduzieren, wird in zahlreichen Start-ups mit einem Projektmanagementtool, zum Beispiel *Slack*, gearbeitet.
Innerhalb dieses Programms können Chats zu Themen erstellt werden, die dann mit Informationen, Ideen, Tabellen, Unterlagen und Dokumenten gefüllt werden. Für jeden Chat kann festgelegt werden, welche Mitarbeiter diese Informationen einsehen können. Somit befinden sich alle Dateien an einem Ort, *Slack* bringt die Kommunikation zusammen. Das Tool ist zunächst kostenfrei und auch nach einigen Wochen mit etwa 6 Euro pro Nutzer überschaubar.

> **EIN RIESIGER VORTEIL IST ES, WENN DAS PROJEKTMANAGEMENTTOOL AUCH ALS APP ANGEBOTEN WIRD, SOMIT TRÄGT DER NUTZER IMMER ALLE GESCHÄFTLICHEN UNTERLAGEN MIT SICH.**

EVERYTHING IS UNDER **CTRL**

DAYLIGHT

Standort planen

Dieses Kapitel klingt auf den ersten Blick nicht besonders spannend, doch es gibt viele gute Nachrichten.
Der Standort des Gründers war noch nie so unwichtig wie heute. Dank Internet, Billigflügen und hochprofessionellen Versanddienstleistern nimmt der Kunde den eigentlichen Standort des Unternehmens kaum noch wahr.

> **DAS IST VON ENORMER BEDEUTUNG, DENN ES VERSCHAFFT GRÜNDERN AUF DEM LAND DIE GLEICHEN CHANCEN WIE DENEN IN DER STADT.**

Ich bin selbst in einer ländlichen Region aufgewachsen und kenne das Gefühl, allein wegen des Standorts benachteiligt zu sein. Wie ich gelernt habe, ist das allerdings nicht ganz richtig. Gerade außerhalb der Stadt ist Platz für Paletten, Lkw-Anfahrten und das Lager. Der Verkauf kann komplett online durchgeführt werden und für die Teilnahme auf Messen und Events muss man ohnehin verreisen.

Die klassische Gründung in der Garage, wie aus dem Silicon Valley bekannt, wäre in einer Großstadt kaum möglich.

Ich habe im Laufe der Zeit festgestellt, dass DESIGN BUBBLES in München besser läuft als in Hamburg und in Frankreich besser als in Italien (dort trinkt man keinen Champagner, sondern Prosecco).
Es gibt also durchaus Orte, die für den Verkauf eines Produktes besser oder schlechter geeignet sind.

Ebenso können kulturelle Barrieren ein Thema sein, so verzichtet man im arabischen Raum auf Alkohol, in manchen Teilen Asiens steht das Kerzenlicht nach wie vor für Armut.

> *Most people overestimate what they can do in one year and underestimate what they can do in ten years.*
> **Bill Gates**

DAYS UNDER PRESSURE

Ruhig bleiben

Die Lieferziele rücken näher, doch die Ware ist noch nicht einmal halb fertig? Unter Druck zu arbeiten ist für Gründer ein völlig normales Gefühl, doch der Umgang damit will geübt sein.

> **STAYING COOL WHILE YOUR HEAD IS ON FIRE.**

Die Fähigkeit, Druck als Herausforderung zu sehen und nicht als Bedrohung, ist nicht immer einfach. Wird der Druck zu groß, gibt der Körper schnell die ersten Anzeichen, dass er eine Veränderung wünscht.

Je mehr Routine ein Gründer im Umgang mit Druck hat, desto leichter können immer größere Herausforderungen gemeistert werden. Eine klare Zielvorstellung ist richtungsweisend und unentbehrlich für langfristigen Erfolg. Bei einem Problem, das zunächst erdrückend wirkt, muss Schritt für Schritt die Prioritätenliste abgearbeitet werden.

Matt Damon wird in dem Film *Der Marsianer* als *Mark Watney* allein auf dem Mars zurückgelassen und muss dort selbst für sein Überleben sorgen. Die Situation scheint völlig aussichtslos, doch sein starker Überlebenswille bringt ihn dazu, in kleinen Schritten seine Rettung vorzubereiten. Er muss das Raumschiff reparieren, aber zuvor muss er Kartoffeln anpflanzen, um später nicht zu verhungern. Also Schritt für Schritt.

Panik ist kontraproduktiv, absolute Konzentration auf das Ziel ist eine hervorragende Möglichkeit, den Druck hinter sich zu lassen.

CRAZY DAY

Surviving the TV-Jungle

Es war ein kalter Januar in Hamburg, ich trank einen Schluck Wasser hinter meinem Roll-up auf der Messe und als ich wieder nach vorne in meinen Stand trat, stand ein achtköpfiges Kamerateam mit Scheinwerfer und Mikrofon vor mir.

Die Messeleitung hatte uns als innovativstes und coolstes Unternehmen auserkoren und das an die Redaktion des *NDR* weitergegeben. Spontan hatte diese entschieden, DESIGN BUBBLES einen Besuch abzustatten, und schon ein paar Sekunden später wurde ich verkabelt und gab völlig unvorbereitet mein erstes TV-Interview. Ich sah so weiß aus wie die Wand, aber das Gespräch verlief zum Glück sehr wohlwollend.

Als mir klar wurde, dass bald ein großer Pitch von mir im Fernsehen laufen würde, habe ich mich professionell beraten lassen. Schließlich sollte dieser Moment perfekt werden.

LEARNINGS

Die Aufnahme wird immer geschnitten, das bedeutet, dass Sätze, die eigentlich keinen Zusammenhang haben, nun einen bekommen, oder sinnvolle Sätze den Zusammenhang auch verlieren können. In meinem Interview mit dem NDR wurde das Video immer so geschnitten, dass der Unternehmensname DESIGN BUBBLES nicht gefallen ist. Entweder sollte Schleichwerbung verhindert werden, oder es war Zufall. Jedenfalls war die Ausbeute eher gering, da man nur vage an einem Plakat im Hintergrund das Logo ablesen konnte. Seitdem vergeht kein Interview mehr, ohne dass in jedem Satz der Name DESIGN BUBBLES fällt. Das mag zwar im Gesprächsfluss merkwürdig klingen, dafür stehen die Chancen gut, dass das Unternehmen erwähnt wird.

Die Aufregung ist extrem und kann mit kleinen Tricks unter Kontrolle gebracht werden. Eine intensive Vorbereitung ist die Grundlage für eine **ruhige Stimme**. Es ist wichtig, dass die Lunge Platz zum Atmen hat, den Bauch einzuziehen für einen besseren Look hat also fatale Folgen.

Eine falsche **Körperhaltung** verrät die Aufregung sofort. Deshalb folgender Tipp: die Füße hüftbreit so fest mit dem Boden verankern, dass das Gefühl aufkommt, Wurzeln zu schlagen. Knie und Hüfte bleiben locker, der Nacken ist frei und gestreckt, die Arme hängen oder werden zum Gestikulieren verwendet.

Aufregung führt zur Beschleunigung des **Sprachtempos**. Daraus folgt, dass die Message der Rede verloren geht, denn es sind Pausen nötig, damit sich das Gesagte setzen kann. Es erfordert enormen Mut, vor einem großen Publikum reichlich Pausen zwischen den Sätzen zu machen. Ein Anfänger hat das Gefühl, mit der Rede die Zeit der Zuhörer zu beanspruchen, und versucht, sich kurz zu fassen — um sich selbst nicht zu wichtig zu machen. Nur ein professioneller Redner hat die Stärke und das Selbstbewusstsein, die Zeit des Publikums großzügig zu beanspruchen. Nur durch die Pausen hat der Redner eine Chance, seine Persönlichkeit zu zeigen. Es bleibt Zeit für Konzentration, Blickkontakt und ein Lächeln – genau die Dinge, die einen sympathischen Menschen ausmachen. Fallen die Pausen weg, so hastet sich der Redner durch seinen Pitch und hat keine Chance auf eine vernünftige Präsentation.

Outfits, die vor der Kamera gut wirken, müssen einige Voraussetzungen erfüllen. Schwarz und Weiß sind zu stark im Kontrast, gestreifte Kleidung flimmert, Muster tragen auf. Überhaupt sieht man im Fernsehen besser genährt aus als in der Realität. Deshalb gilt es, auf Kleidung zu setzen, in der man sich wohlfühlt und Sicherheit ausstrahlen kann.

Ein **professionelles Make-up** ist ein Muss. Meist wird man vom Sender nicht extra geschminkt und sieht dann nicht nur wie ein Anfänger aus, sondern fühlt sich auch wie einer. Damit ich mich voll auf den Pitch konzentrieren konnte und nicht auf meinen Look, organisierte ich für meinen ersten geplanten Fernsehauftritt eine Visagistin, die mich bei dem Dreh begleitete. Über Instagram suchte ich nach Support und fand Man, eine Hair- und Make-up-Stylistin, die seit über einem Jahrzehnt Moderatorinnen für TV-Auftritte schminkt. Wie ich lernte, gibt es sogar spezielle Techniken, die für HD-(High Definition)-TV angewendet werden, da man jedes Fältchen auf den Bildschirmen erkennen kann. Zufällig begab ich mich in die Hände eines Vollprofis, was mein Selbstvertrauen steigerte. Schon im Studio bemerkte ich, dass mein Nagellack abblätterte, doch Man meinte, das „versendet"

sich. Ich hoffte, dass sich noch vieles mehr „versenden" würde. Sie nahm mich an der Hand und wir schlichen uns backstage: sie wollte prüfen, wie das Make-up im Scheinwerferlicht wirkt. Schließlich soll man mit den unzähligen Schichten Gloss und Puder völlig natürlich wirken.
Man wollte für ihren unschätzbaren Einsatz nur ein paar Kerzen als Bezahlung, ich danke ihr noch heute für dieses tolle Entgegenkommen.

GO BIG
OR GO HOME.

RAINY DAY

Katastrophen managen

Improvisation is my middle name.

Wir beziehen unser hochwertiges Bio-Sojawachs aus Brasilien, dort gibt es einige wenige Hersteller, die das Sojabohnenöl pressen und zu Wachs verarbeiten. Anfänglich bestellten wir einige wenige Kilogramm, dann die erste Tonne auf einer Europalette. Da das Wachs deutlich teurer ist als zum Beispiel Paraffin oder Stearin, planten wir Just-in-time-Lieferungen, wir hatten also immer gerade so viel Wachs auf Lager, wie für die nächsten Bestellungen benötigt wurde.

Dann kam ein Großauftrag mit über 1.000 Kerzen und natürlich war genau zu diesem Zeitpunkt das Sojawachs restlos ausverkauft. Die einzigen beiden Hersteller hatten die Produktion eingestellt, alle anderen Händler hatten die Restbestände bereits aufgekauft. Es war unmöglich, ein anderes Wachs für die Kerzenproduktion zu verwenden, schließlich liebte unser Kunde das Produkt genau wegen dieser schönen Details.

Ich habe Stunden vor dem Laptop verbracht und versucht, Wachs in Chargen von einem Kilo zusammenzukaufen. Der Preis dafür: völlig absurd.

AUSSERGEWÖHNLICHE SITUATIONEN ERFORDERN AUSSERGEWÖHNLICHE MASSNAHMEN.

Als meine Mama die Ernsthaftigkeit der Situation erkannte, half sie mir bei der Suche. Sie belegte zu der Zeit einen Italienischkurs und hatte die Sprache ihres Handys für einen zusätzlichen Lerneffekt auf Italienisch eingestellt. Zum Spaß suchte sie nach „cera di soia" auf *google.it* – ein geradezu magischer Trick!
Der Hype um Sojawachs war in Italien noch nicht angekommen und tatsächlich fanden wir einen Händler, der noch eine Palette unseres Wachses auf Lager hatte. Wir importierten die Palette und unser Großauftrag war gerettet. Danke, Mama!

Eins ist sicher: Es wird viel schiefgehen. Der Erfolg eines Start-ups hängt gewaltig von dem Durchhaltevermögen (und Glück) des Gründers ab.
Selbst wenn eine Situation als völlig aussichtslos eingestuft wird, darf man noch lange nicht aufgeben. Ein Kleinkind, welches das Laufen lernt, fällt unendlich oft hin, das ist ganz normal. Ebenso normal ist es, dass junge Unternehmen ständig improvisieren und von ihrer Ursprungsplanung abweichen (müssen).

VALENTINE'S DAY

Zielgruppen auswählen

Als Grundlage für die Zielgruppendefinition können die *Sinus-Milieus* herangezogen werden. Anhand dieser vom *Sinus-Institut* entwickelten Gesellschafts- und Zielgruppentypologie können Gründer die für sie interessante Zielgruppe definieren. Zur Auswahl stehen beispielsweise:

EINKOMMENSSCHWACHE TRENDGRUPPEN

Ninja — no income, no job and assets
Erstmals wurde dieser Begriff im amerikanischen Bankwesen verwendet und bezeichnet die schlechteste Kategorie der Kreditnehmer. Ob diese Gruppe oft in den Verzug bei Zahlungen jeglicher Art gerät, lässt sich von selbst beantworten.

Silks — single income, lots of kids
Hierbei handelt es sich um Familien, bei denen nur ein Elternteil berufstätig ist. Der Konsum dieser Familien ist eher zurückhaltend und bezieht sich auf preiswerte Güter. Viel wichtiger ist ihnen ein harmonisches Familienleben mit viel Zeit füreinander.

Nilks — no income, lots of kids
Diese Trendgruppe ist stark vom Staat und dessen sozialen Leistungen abhängig. Zusätzlich werden meistens Spenden von gemeinnützigen Hilfsorganisationen angenommen. Smartphones z. B. gelten als großer Luxus und können kaum finanziert werden.

IST DIE ZIELGRUPPE GUT DEFINIERT, SIND DIE DARAUF FOLGENDEN KONSEQUENZEN EINFACH ZU MANAGEN.

EINKOMMENSSTARKE TRENDGRUPPEN

Best Ager — Silver ager, Mid-Ager
Diese Zielgruppe hat schon einige Stufen der Karriereleiter erklommen und die eine oder andere Gehaltserhöhung in Empfang genommen. Dadurch zeichnet sich auch das Konsumverhalten der *Generation 50 plus* aus. Sie sind sehr kaufkräftig und achten auf hohe Qualität.

Dinks — double income, no kids
Finanzielle Schwierigkeiten sind hier kaum zu finden. Da beide Partner Gehalt beziehen und nichts für Kinder ausgegeben oder angespart werden muss, steht dem Urlaub, dem Besuch gehobener Restaurants und dem Konsum von Luxusgütern nichts im Wege.

Grumps — grown up mature people
Diese Trendgruppe *der erwachsenen reifen Menschen* legt ein sehr erwachsenes Verhalten an den Tag. Ihr Konsum ist sehr selbstbestimmt.

ÖKONOMISCHE UND ÖKOLOGISCHE TRENDGRUPPEN

Generation X
Diese Generation der *Jahrgänge 1965 bis 1980* ist sehr naturverbunden. Themen wie Rohstoffmangel und Umweltverschmutzung machen dieser Gruppe schwer zu schaffen. Freizeit und Arbeitsumfeld haben einen hohen Stellenwert, wobei Karriere und Gehalt eher zweitrangig sind.

Hanks — health and nature keepers
Die Begriffe „biologisch" und „organisch" haben hier große Bedeutung. Umweltbewusstsein und Liebe zur Natur zeichnen diese Gruppe aus. Ein vegetarischer oder sogar veganer Lebensstil ist fast schon Pflicht. Um die Qualitätsansprüche zu erfüllen, ist diese Gruppe bereit, auch etwas mehr zu bezahlen.

LOHAS — Lifestyles of health and sustainability
LOHAS sind die abgeschwächte Form der Hanks. Neben Nachhaltigkeit und Gesundheit ist ihnen zusätzlich noch der materielle Wohlstand wichtig.

IDEALISTISCHE TRENDGRUPPEN

Generation Y
Diese Generation der Jahrgänge *1980 bis 1999* ist mit Handys und Internet aufgewachsen. Selbstbestimmung und Work-Life-Balance haben neben guter Bildung und Wohlstand einen hohen Wert.

LOVOS — Lifestyles of voluntary simplicity
Diese Trendgruppe verweigert und entzieht sich der heutigen Gesellschaft, die von übertriebenem Konsum und Luxus geprägt ist. Teil dieser Gruppe sind kritische Normalverbraucher, Menschen mit alternativem Lebensstil oder Aussteiger.

Die Kunden von DESIGN BUBBLES sind sehr häufig *Dinks* oder *LOHAS*, sie legen Wert auf Luxus, möchten jedoch nicht auf Nachhaltigkeit verzichten.

> *Hier ist eine Kerze, die aus einer Champagnerflasche produziert wird und jederzeit wieder auffüllbar ist, perfekt positioniert.*

WE ARE OPEN ON SUNDAYS

Verkaufen wie ein Pro

Wenn die Produkte beim Händler ankommen, ist der Job des Herstellers an dieser Stelle eigentlich beendet. Doch das ist weit gefehlt. Damit die Mitarbeiter der Shops die Neuheit mit genauso viel Leidenschaft wie der Gründer selbst verkaufen, sind einige Schulungen notwendig. Großkunden müssen besucht werden, im besten Fall hilft der Gründer selbst einige Tage auf der Fläche aus, um dem Personal die Besonderheiten und Vorteile des Produktes beizubringen.

Dieses System kann noch verbessert werden, indem in jedem Shop ein Mitarbeiter als *Ambassador* (Botschafter) der Marke auserkoren wird. Er ist dafür verantwortlich, dass die Produkte jeden Tag richtig ausgerichtet sind, nicht verstauben und sich natürlich gut verkaufen. Wenn bestimmte Verkaufsziele erreicht werden, wird der Mitarbeiter des Shops zum Beispiel mit einem Abendessen belohnt oder auf Events eingeladen.

> **ES MUSS EINEN ANREIZ DAFÜR GEBEN, DASS IN FREMDEN SHOPS DAS EIGENE PRODUKT EMPFOHLEN WIRD UND NICHT DAS DER KONKURRENZ.**

Überhaupt ist die Präsentation der Ware in Shops eine große Herausforderung. Mit Mindestabnahmemengen soll verhindert werden, dass nur extrem geringe Stückzahlen gekauft werden, die in der Auslage meist mickrig aussehen. Hinzu kommt, dass jedes Geschäft einen anderen Stil verfolgt, die Präsentation der Kerzen ist also nie identisch. Damit wird keine Assoziation zur Markenidentität hervorgerufen und es bringt kaum einen Vorteil für den Aufbau der Marke selbst. Deshalb bieten Luxusanbieter die Produkte oft nur in eigenen Flagship-Stores an. Dort ist das Licht vorteilhaft ausgerichtet, die Farben schmeicheln dem Konzept und die Atmosphäre lädt zum Kauf ein.

Durch Aufsteller, Flyer, die den Kunden mitgegeben werden können, und Briefings können die Shops animiert werden, die Ware so zu präsentieren wie vom Unternehmen vorgegeben. Oft besteht das Problem, dass sich Inhaber oder Geschäftsführer auf den Schlips getreten fühlen, wenn man ihnen sagt, wie sie ihren Laden einrichten sollen – schließlich ist das ihr Hauptgeschäft.

Ich versuche trotzdem immer, vorsichtig darauf hinzuweisen, dass die Kerzen hübscher aussehen, wenn das Licht die Etiketten anstrahlt, Shopeinrichtung hin oder her.

99 DAYS OF OUR LIVES

Magic happens

Wenn ich zurückdenke und überlege, wie sich alle Chancen, Aufträge und Kontakte ergeben haben, so kann ich sagen: sicherlich nicht vor meinem Laptop! Vorträge, Networking-Events, Dinnerpartys, Unterstützung durch Freunde und Bekannte und das eigentlich planlose Präsentieren der Kerzen in zahlreichen Shops haben immer wieder zu neuen Ereignissen geführt.

Gründen ist ein echtes **people's business,** nur durch Kontakte und das immer wieder neue Kennenlernen interessanter Menschen wird die Idee verbreitet. Ich bin kein Freund von Small Talk, liebe es aber, neue Menschen kennenzulernen. Oft ist ihr Blickwinkel ein ganz anderer und Futter für Inspiration.

Meine Highlights sind das Treffen anderer Gründerinnen, die ihren Schritt in die Selbstständigkeit als Selbstverständlichkeit sehen und sich nicht über die Gefahren austauschen, sondern sprudeln vor Ideen.

MAGIC HAPPENS FAR AWAY FROM YOUR LAPTOP!

Mit den unterschiedlichsten Unternehmen werden Träume verwirklicht, traditionelle Geschäftsmodelle aufgebrochen und Symbiosen geschlossen.

Und noch ein Trend findet sich in dem Projekt DESIGN BUBBLES perfekt abgebildet: Die neuen technischen und strukturellen Möglichkeiten treffen auf eine Generation junger, sehr gut ausgebildeter, mehrsprachig aufgewachsener und multikulturell orientierter Menschen, die früh global unterwegs sind und das tradierte Angestelltenmodell nicht mehr ins Zentrum ihres Lebensentwurfs rücken.
Daraus entsteht eine Offenheit und Motivation, die auf die neuen technischen Möglichkeiten nicht einmal zurückgreifen müsste, um erfolgreich und nachhaltig zu sein.

ROME WASN'T BUILT IN A DAY

Stolz sein

Natürlich wird man in den ersten 100 Tagen nicht erfahren, ob das Start-up ein Riesenerfolg wird oder nicht. Doch den wichtigsten Schritt hast du gewagt, du hast einfach angefangen, und darauf kannst du sehr stolz sein. Das Unternehmen hat in seinen ersten Tagen das Laufen gelernt und ist nun auf dem Weg, sich nach ganz oben durchzukämpfen.

In dem Moment der Gründung weiß man nie, wofür das Erlernte noch einmal gut sein wird, deshalb folge deinem Herzen und arbeite an einem Projekt, für das du brennst. Mit ein bisschen Glück verbinden sich später die Stationen in deinem Leben und *Steve Jobs* wird recht haben mit seiner Theorie „connecting the dots".

Sei dir über die Wirkung, die du nun auf andere hast, bewusst. Deine Freunde werden sehen, wie sich dein Start-up entwickelt, und du hast die einmalige Chance, sie zu motivieren, es dir gleichzutun. Mein halber Freundeskreis hat bereits seinen Job gekündigt und ist nun auf dem Weg in die Selbstständigkeit. Es macht sich eine Euphorie breit, die Kräfte freisetzt, die kaum aufzuhalten sind.

Die Mischung aus **Enthusiasmus, Übermut** und **Adrenalin** sind die einzigartigen Start-up-Vibes, die eine ganze Generation prägen.

FOLLOW YOUR DREAMS

100/100

ROME WASN'T BUILT IN A DAY

NOTIZEN

#STARTUPIN100DAYS

ÜBER DIE AUTORIN

Katharina Baumann, geboren 1991 in Burghausen, absolvierte nach dem Abitur zahlreiche Praktika in verschiedenen Moderedaktionen, bevor sie BWL studierte und eine Ausbildung zur Sommelière abschloss.

Als sie 2014 die erste Kerze für den Geburtstag einer Freundin entwarf, ahnte sie noch nicht, dass es der Beginn ihres jungen Unternehmens sein würde.

Mit ihrem fünfköpfigen Team arbeitet Katharina Baumann heute mit viel Leidenschaft an dem Ziel, die **coolste Candle Company der Welt** zu werden.